Des Sextus Julius Frontinus' Schrift über die Wasserleitungen der Stadt Rom

(De aquae ductibus urbis Romae)

Julius Sextus Frontinus

Impressum

Autor: Julius Sextus Frontinus
Übersetzung: Andreas Dederichius
Umschlagkonzept: toepferschumann, Berlin

Verlag: tradition GmbH, Hamburg
ISBN: 978-3-8424-8982-0
Printed in Germany

Sextus Julius Frontinus

Des Sextus Julius Frontinus' Schrift über die Wasserleitungen der Stadt Rom

(De aquae ductibus urbis Romae)

Übersetzung des Andreas Dederichius, 1841.

1. Da jedes vom Kaiser übertragene Geschäft angelegentlichere Sorgfalt fordert; und mich sey es angeborner Eifer, sey es Berufstreue nicht nur zum Fleisse in dem anvertrauten Geschäfte, sondern auch zur Liebe an demselben anspornen; jetzt aber mir vom Nerva Augustus, einem soll ich sagen mit mehr Fleiss oder mit mehr Liebe am Gemeindewesen hängenden Kaiser, der Wasserdienst Ist aufgetragen worden, welcher theils zum Nutzen, theils zur Gesundheit, ja auch zur Sicherheit der Stadt beiträgt, und immer durch die angesehensten Männer des Staates ist verwaltet worden: so erachte ich es für das Erste und Wichtigste, wie es jederzeit in Geschäften mein Grundsatz war, zu kennen was ich übernommen habe.

2. Denn weder gibt es meines Bedünkens für ein jegliches Geschäft irgend eine zuverlässigere Grundlage; noch kann unter einer andern Bedingung, was zu thun und was zu lassen ist, entschieden werden; noch gibt es eine andere für einen leidlichen Mann so entehrende Sache, als ein übertragenes Amt nach Anweisung von Gehülfen zu verrichten: was nothwendig geschehen muss, so oft ins Amt Unkunde vorangegangen ist von Seiten eines solchen, zu dessen praktischer Erfahrung häufig Zuflucht genommen wird: deren Dienstleistungen, obwohl sie zur Amtsführung nothwendig sind, jedoch nur eine Art von Hand und Werkzeug des Geschäftsführers seyn sollten. Deshalb habe ich dasjenige, was ich als zur gesammten Angelegenheit gehörig aufbringen konnte, nachdem ich es nach der schon in vielen Aemtern von mir beobachteten Sitte in Ordnung und gleichsam in einen Körper zersetzt hatte, in diese Denkschrift zusammengetragen, um auf sie an Statt eines Grundrisses der Verwaltung Bezug nehmen zu können. Allein in andern Schriften, die ich nach selbstthätiger Erfahrung und Kenntnissnahme abgefasst habe, war es auf den Nutzen meiner Nachfolger im Amte abgesehen; diese Denkschrift wird vielleicht auch auf einen Nachfolger nützlich wirken; aber da dieselbe unter den Anfängen meiner Verwaltung geschrieben ist, wird sie vorzugsweise zu meiner eigenen Unterweisung und Richtschnur dienlich seyn.

3. Und damit es nicht vorkomme, als hätte ich etwas, was zur Kenntniss der ganzen Angelegenheit gehört, übergangen, will ich zuerst die Namen der Gewässer, die in die Stadt Rom hineinfliessen, hersetzen; dann durch welche Personen und unter welchen

Consul u. in dem wievielten Jahre nach Erbauung der Stadt, ein jedes derselben hergeleitet worden ist; darauf von welchen Orten und von welchem Meilensteine ab ihre Leitung begonnen, wieweit in unterirdischem Gerinne, wieweit auf Untermauerung, wieweit auf Bogenwerk geführt; darnach die Höhe eines jeden, und das Verhältniss der Gemässe und welche Verwendungen davon abhängig gemacht sind; wieviel ausserhalb der Stadt, wieviel innerhalb der Stadt ein jegliches der Gewässer nach Verhältniss seines Maasses einem jeglichen Stadtviertel darbringt; wieviele öffentliche und private Wasserschlösser es gibt, und wieviel aus diesen an die Wasserhäuser, wieviel an die Wasserkünste, – denn so nennen sie die Gebildeteren, – wieviel an die Becken, wieviel auf Cäsars Rechnung, wieviel zum Privatgebrauche durch Bewilligung des Fürsten gegeben wird: was Rechtens sey in Betreff der Ableitung derselben und der Erhaltung der Wasserleitungen; welche Strafen, nach den Gesetzen, Senatsbeschlüssen und fürstlichen Verordnungen erkannt, dieses Recht heiligen.

4. Von der Gründung der Stadt 441 Jahre hindurch haben die Römer sich mit dem Gebrauche des Wassers begnügt, welches sie entweder aus der Tiber oder aus Brunnen oder aus Quellen schöpften. Die Quellen stehen bis auf den heutigen Tag im Rufe der Heiligkeit und sind ein Gegenstand der Verehrung: Genesung nämlich glaubt man brächten sie kranken Körpern, zum Beispiel [die der Camönen und des Apollo und der Juturna.] Jetzt aber fliessen in die Stadt: das Appische Wasser, der Alte Anio, die Marcia, Tepula, Julia, Virgo, Alsietina, welche auch Augusta genannt wird, die Claudia, der Neue Anio.

5. Unter dem Consulate des M. Valerius Maximus und P. Decius Mus, im 31ten Jahre nach dem Anfang des Samnitischen Krieges, wurde das Appische Wasser in die Stadt eingeleitet vom Censor Appius Claudius Crassus, welcher später den Beinamen Cäcus erhielt, welcher auch die Appische Strasse von dem Capenischen Thore bis zur Stadt Capua hat anlegen lassen. Zum Collegen hatte er den C. Plautius, welchem wegen Aufsuchung der Adern dieses Wassers der Beiname Venox (der Adersüchtige) gegeben worden ist. Weil dieser aber vor Ablauf der 18 Monate, getäuscht von seinem Collegen, dessen Amtsgenossenschaft seinen Namen entehre, die Censur niederlegte: ging der Name des Wassers bloss auf des

Appius Ehre über: von diesem erzählt man, er habe durch viele Winkelzüge sein Censoramt hinausgedehnt, bis er sowohl die Strasse als auch die Leitung dieses Wassers vollendete. Gefasst wird die Appia im Lucullanischen Felde, an der Pränestinischen Strasse, zwischen dem 7ten und 8ten Meilensteine, 780 Schritte linkerhand. Ihre Leitung hat von der Fassung bis zu den Salinen an der Porta Trigemina eine Länge von 11,190; in unterirdischem Gerinne von 11,130; über der Erde auf Untermauerung und Bogenschlag zunächst dem Capenischen Thore von 60 Schritten. Mit ihr vereinigt sich an der Spes Vetus in der Nähe der Torquatianischen und Plautianischen Gärten ein Nebenzweig der Augusta, vom Augustus zu ihrer Vervollständigung zugewendet, unter Beilegung des entsprechenden Namens der Gemellen (Zwillingsgewässer). Dieser nimmt seinen Anfang an der Pränestinischen Strasse, beim 6ten Meilensteine, 980 Schritte linkerhand, ganz nahe an der Collatinischen Strasse; dessen Leitung bis an die Gemellen in unterirdischem Gerinne 8380 Schritte beträgt. Die Vertheilung der Appia beginnt am Fusse des Publicischen Hügels bei der Porta Trigemina.

6. Vierzig Jahre nach der Herleitung der Appia, im Jahre nach der Gründung der Stadt 481, hat Man. Curius Dentatus, welcher mit L. Papirius Cursor die Censur führte, das Wasser des Anio, welcher jetzt der Alte heisst, aus der dem Pyrrhus abgenommenen Beute in die Stadt zu leiten verdungen, unter dem zweiten Consulate des Sp. Carvillus und des L. Papirius Cursor. Zwei Jahre darauf wurde über die Vollendung der Anlage dieser Wasserleitung im Senate verhandelt; da die Anlegung aber durch die häufigen Kriege der Römer unterblieben war, trug erst nach neun Jahren der Prätor Minucius die Sache abermals im Senate vor. Da wurden nach einem Senatsbeschlusse Duumvirn zur Herleitung des Wassers erwählt, nämlich Curius, welcher sie verdungen hatte, und Fulvius Flaccus. Curius starb binnen fünf Tagen nach seiner Wahl zum Duumvir: der Ruhm der Leitung kam auf den Fulvius. Gefasst wird der Alte Anio oberhalb Tibur am 20ten Meilensteine ausserhalb des Baraner Thores, wo er einen Theil zum Gebrauch der Tiburter abgibt. Seine Leitung hat, wegen nöthiger Abwäge, eine Länge von 43,000 Schritten : davon beträgt das unterirdische Gerinne 42,779, die Untermauerung über der Erde 221 Schritte.

7. Nach 127 Jahren, d. i. im Jahre nach der Gründung der Stadt 608, unter dem Consulate des Ser. Sulpicius Galba und des L. Aurelius Cotta, als die Leitungen der Appia und des Anio baufällig geworden waren, auch von Privatleuten betrügerischer Weise abgefangen wurden, gab der Senat dem Marcius, welcher damals als Prätor zwischen Bürgern und Auswärtigen Recht sprach, den Auftrag, diese Leitungen wiederherzustellen und zu schützen. Und weil das Wachsthum der Stadt eine grössere Wassermenge zu fordern schien, wurde er vom Senat auch beauftragt, es sich angelegen seyn zu lassen, inwiefern er noch andere Gewässer möglicher Weise in die Stadt herleiten könnte. Dieser nun führte aus Quaderstein weitere Leitungen auf, und leitete durch sie das zum Vortheile der Bürger erworbene Wasser mit Hülfe von dreitausend Arbeitern in die Stadt, welches von seinem Urheber den Namen Marcia führt. Wir lesen beim Fenestella, dass dem Marcius zu diesen Anlagen 180,000,000 Sestertien angewiesen worden seyen. Aber weil zur Vollendung des aufgetragenen Werkes die Dauer der Prätur nicht genügte, wurde sie ins andere Jahr verlängert. Während dieser Zeit sollen die Decemvirn, indem sie aus andern Ursachen die Sibyllinischen Bücher aufschlugen, gefunden haben, dass nicht das Marcische Wasser, sondern vielmehr der Anio, – über diesen nämlich herrscht in der Angabe grössere Uebereinstimmung, – auf das Capitoliam geleitet werden müsste; und über diesen Gegenstand vom Lepidus, welcher an Statt seines Collegen den Vortrag hielt, unter dem Consulate des Appius Claudius und des Q. Cäcilius im Senate verhandelt, und derselbige nach drei Jahren abermals vorgenommen worden seyn; aber jederzeit die Beliebtheit des Königs Marcius den Sieg davongetragen haben: und so sey das Wasser auf das Capitolium geleitet worden. Gefasst wird die Marcia an der Valerischen Strasse, beim 36ten Meilensteine, 3000 Schritte den von Rom Kommenden rechts. An der Sublacensischen aber, welche unter dem Fürsten Nero zuerst ist gepflastert worden, beim 38ten Meilensteine linkerhand, steht sie innerhalb eines Raumes von 200 Schritten, wo unzählige Quellen unter Felsengewölben sprudeln, unbeweglich wie ein See, in tiefgrüner Farbe. Ihre Leitung hat von der Fassung bis zur Stadt eine Länge von 61,710.5; in unterirdischem Gerinne von 54,237.5; auf überirdischem Bau von 7,463 Schritten: davon weiter von der Stadt an mehreren Stellen des höher liegenden Thal-Theiles auf Bogenwerk von 463; näher der Stadt vom 7ten

Meilensteine ab auf Untermauerung von 528; auf dem übrigen Bogenwerk von 6472 Schritten.

8. Die Censoren Cn. Servillius Capio und L.Cassius Longinus Ravilla liessen, im Jahre nach der Gründung der Stadt 627, unter dem Consulate des M. Plautius Hypsäus und des Fulvius Flaccus, das Wasser, welches Tepula heisst. aus dem Lucullanischen Felde, welches einige für ein Tusculanisches halten, nach Rom und auf dag Capitolium leiten. Die Tepula wird gefasst an der Latinischen Strasse, bei dem 10ten Meilensteine, 2000 Schritte den von Rom Kommenden rechts: von da wurde sie in eigenem Gerinne in die Stadt geführt.

9. Nachher sammelte M. Agrippa, als Aedil nach seinem ersten Consulat, unter dem zweiten Consulate des Imperator Cäsar Augustus und dem des L. Volcatius, im Jahre nach der Gründung der Stadt 719, beim 2ten Meilensteine von der Stadt ab, an der Latinischen Strasse, 2000 Schritte den von Rom Kommenden rechts, die eigentümlichen Kräfte eines andern Wassers und fing das Gerinne der Tepula ab. Dem gesammelten Wasser wurde nach dem Finder der Name Julia beigelegt, deren Verwendung jedoch so getheilt wurde, dass dabei die Benennung Tepula nicht ausblieb. Die Leitung der Julia beträgt eine Länge von 15,426.5: auf Bogenwerk über der Erde von 7000: davon ganz nahe an der Stadt vom 7ten Meilensteine ab auf Untermauerung von 528; auf dem übrigen Bogenwerk von 6472 Schritten. Neben der Fassung der Julia fliesst ein Wasser vorbei, welches Crabra genannt wird. Dieses verschmähte Agrippa aufzunehmen, sey es weil er es nicht für gut befunden hatte, oder weil er es den Tusculanischen Grundbesitzern überlassen zu müssen glaubte: es ist nämlich dasjenige, welches alle Landgüter dieses Striches wechselsweise auf bestimmte Tage und Gemässe zugetheilt empfingen. Aber nicht mit derselben Mässigung haben unsere Wasserer den bedeutenderen Theil derselben stets zur Vervollständigung der Julia in Anspruch genommen; jedoch nicht um die Julia zu verstärken, die sie vielmehr erschöpften durch Spendung, eigenen Gewinnstes halber. Ich habe daher die Crabra ausgeschlossen und auf Befehl des Kaisers ganz den Tusculanern wiedergegeben; welche sie jetzt vielleicht mit grosser Verwunderung hinnehmen, ohne zu wissen, welchem Grunde sie den ungewöhnlichen Ueberfluss zu verdanken haben. Die Julia aber hat, durch Zurückberufung der

Ableitungen, wodurch sie heimlich beraubt wurde, ihr Maass, auch bei merklicher Trockenheit der Jahrszeit, behalten. In demselben Jahre stellte Agrippa die beinahe verfallenen Leitungen der Appia, des Anio, der Marcia wieder her, und versah mit ausgezeichneter Fürsorge die Stadt mit einer grossen Zahl von Springbrunnen.

10. Ebenderselbe, als er schon zum drittenmal Consul gewesen war, leitete unter dem Consulate des C. Sentius und des Q. Lucretius, 13 Jahre nach der Herleitung der Julia, auch die Virgo, auf einem Lucullanischen Felde gesammelt, nach Rom. Als der Tag, an welchem sie zuerst in der Stadt in Wirksamkeit getreten, wird der fünfte vor den Junischen Iden gefunden. Der Name Virgo (Jungfrau) schreibt sich daher, dass, als Soldaten Wasser suchten, diesen ein jungfräuliches Mädchen einige Adern zeigte : die nachgrabenden verfolgten diese und entdeckten ein ungeheueres Wasserlager. Ein an der Quelle erbautes Häuschen stellt diesen Ursprung in einem Gemälde dar. Gefasst also wird sie an der Collatinischen Strasse, beim 8ten Meilensteine, in sumpfiger Gegend. Sie wird durch Umlegung einer Art Mischung von gestossenen Scherben und Kalk, um die Brudelquellen zusammenzuhalten, unterstützt, so wie durch eine Menge anderer Zuflüsse. Sie kommt durch eine Strecke von 14,105 Schritten: davon in unterirdischem Gerinne van 12,865; über der Erde von 1240: davon in untermauerten Gerinnen an mehreren Orten von 540; auf Bogenwerk von 700 Schritten : die unterirdischen Gerinne der Leitung der Zuflüsse betragen 1405 Schritte.

11. Welcher Beweggrund den Augustus, den einsichtvollsten Fürsten, veranlasst hat, das Alsietinische Wasser, welches Augusta genannt wird, herzuleiten, durchschaue ich nicht recht, da es doch von keiner Annehmlichkeit, im Gegentheil sogar zu ungesund ist, und deshalb nirgends zum Nutzen des Volkes fliesst; es sey denn dass, als er zur Anlage der Naumachie schritt, er, um heilsameren Gewässern nichts zu entziehen, dieses gerade zu dem eigenthümlichen Zwecke hergeleitet und den Ueberfluss der Naumachie den am Fusse derselben belegenen Gärten und dem Gebrauche der Privaten zur Bewässerung überlassen hat. Es pflegt jedoch aus ihm im Stadtviertel jenseits der Tiber, so oft die Brücken ausgebessert werden und vom diesseitigen Ufer die Gewässer ausbleiben, aus Noth zur Aushülfe der öffentlichen Röhrbrunnen gespendet zu werden. Gefasst wird es aus dem Alsietinischen See, an der Claudischen Strasse, beim 14ten Meilenstein, 6500 Schritte rechterhand. Seine Leitung beträgt eine Länge von 22,172; auf Bogenwerk von 358 Schritten.

12. Auch hat Augustus zur Ergänzung der Marcia, so oft trockene Zeiten der Hülfe bedürftig waren, ein anderes Wasser von derselbi-

gen Güte mittelst unterirdischer Anlage bis zum Gange der Marcia hergeleitet, welches nach dem Finder Augusta genannt wird. Es hat seinen Ursprung über die Quelle der Marcia hinaus: seine Leitung bis zum Eintritt in die Marcia beträgt 800 Schritte.

13. Nach diesen hat C. Cäsar, des Tiberius Nachfolger, weil die sieben Wasserleitungen sowohl zum öffentlichen Gebrauch als auch zum Privatvergnügen nicht hinreichend genug schienen, im zweiten Jahre seiner Regierung, unter dem Consulate des M. Aquilius Julianus und des P. Nonius Asprenas, im Jahre nach der Gründung der Stadt 789, die Anlage zweier Leitungen begonnen: welches Werk Claudius auf das Prachtvollste vollendet und unter dem Consulate des Sulla und des Titianus, im Jahre nach der Gründung der Stadt 803 an den Kalenden des Augustus, eingeweihet hat. Das eine Wasser, welches aus den Quellen Cärulus und Curtius hergeleitet wurde, erhielt den Namen Claudia. Dieses kommt an Güte der Marcia am nächsten. Von dem andern kam, weil nun zwei Gewässer des Namens Anio in die Stadt liefen, damit sie durch ihre Bennennung leichter unterschieden würden, der Name Neue Anio auf. Es verdirbt alle andern. Dem frühern Anio wurde der Zuname des Alten beigelegt.

14. Die Claudia wird gefasst an der Sublacensischen Strasse, beim 38ten Meilensteine, 300 Schritte linkerhand, aus zwei sehr geräumigen und schönen Quellen, der Cärulischen (Blauen), von der äussern Aehnlichkeit so genannt, und der Curtischen. Sie nimmt auch die Quelle auf Namens Albudinus, welche von solcher Güte ist, dass, so oft sie selbst die Marcia nöthigenfalls unterstützt, sie dergestalt befriedigt, dass sie durch ihren Eintritt in dieselbe nichts an deren Character ändert. Die Quelle der Augusta ist, weil die Marcia für sich allein offenbar für reichhaltig genug erschien, in die Claudia abgeleitet worden; sie blieb jedoch nichtsdestoweniger Hülfsquelle für die Marcia, so dass das Claudische Wasser erst in dem Falle von der Augusta unterstüzt wurde, wenn die Leitung der Marcia dieselbe nicht fasste. Die Leitung der Claudia hat eine Länge von 46,406 Schritten: davon in unterirdischem Gerinne von 36,230; auf überirdischem Bauwerk von 10,176: davon auf Bogenbau an mehreren Stellen des höher liegenden Thal-Theiles von 3076, und nahe bei der Stadt vom 7ten Meilensteine ab auf untermauertem Gerinne von 609, auf Bogenbau von 6491 Schritten.

15. Der Neue Anio wird auf der Sublacensischen Strasse, beim 6ten Meilensteine, in dem Subruinum aus dem Flusse aufgefasst; welcher, weil er um sich her angebaute Ländereien von fettem Boden und deshalb losere Ufer hat, auch ohne Einwirkung des Regens lehmig und trübe fliesst: deshalb ist an der Einmündung der Leitung ein Schlammteich vorgelegt, damit darin zwischen dem Fluss und dem Hohlgerinne das Wasser stehen bliebe und sich abklärte. Aber trotz dieser Vorrichtung kommt es, so oft Platzregen einfallen, getrübt in die Stadt. Es vereinigt sich mit ihm das Herculanische Fliess, welches an ebenderselben Strasse, beim 38ten Meilensteine, den Quellen der Claudia gegenüber jenseits des Flusses und der Strasse, seinen Anfang nimmt, an und für sich überaus rein ist, aber durch die Vermischung den Reiz seiner Klarheit verliert. Die Leitung des Neuen Anio beträgt 58,700 Schritte: davon in unterirdischem Gerinne 49,300; auf überirdischem Bauwerk 9400: davon auf Untermauerung oder Bogenbau an mehreren Stellen des höher liegenden Thal-Theiles 2300, und näher bei der Stadt vom 7ten Meilenstein ab auf untermauertem Gerinne 609, auf Bogenbau 6491 Schritte. Das sind die höchsten Bogen, die an einigen Stellen 109 Fuss hoch sind.

16. Wird man mit den so vielen dem Bedürfnisse der Menschen dienenden Wunderbauten so vieler Wasserleitungen die müssigen Pyramiden, oder sonstige unnütze obwohl durch den Ruf gefeierte Werke der Griechen vergleichen wollen?

17. Nicht unzweckmässig hat es uns bedünkt, nun die Strecken der Gerinne einer jeden Leitung auch in den einzelnen Theilen der Anlagen im Zusammenhange zu verfolgen. Denn da der wichtigste Zweig dieses Amtes in deren Erhaltung besteht, so muss der Beamte wissen, welche von denselben grössere Unkosten erfordern. Bei unserm Eifer aber genügt es nicht, die einzelnen Theile bloss in Augenschein genommen zu haben; auch Grundrisse der Leitungen haben wir machen lassen, aus denen ersichtlich ist, wo Thäler und wie grosse, wo Flüsse überbaut wurden, wo die au den Berggehängen angebrachten Hohlgerinne eine grössere und ausdauernde Sorgfalt in der Beschirmung und Instandhaltung erfordern. Dadurch wird uns der Vortheil gewährt, dass wir den betreffenden Gegenstand unmittelbar wie vor dem Blicke haben und zu Rathe gehen können, als ob wir dabei ständen.

18. Alle Gewässer kommen in verschiedener Höhe in die Stadt. Daher fliessen einige an höher liegenden Stellen : einige dagegen können sich zu mehr emporragenden Stellen nicht erheben; denn die jetzigen Hügel sind wegen häufiger Feuersbrünste durch den Schutt über ihren frühem Höhepunkt hinausgewachsen. Fünf Gewässer gibt es, deren Höhe sich bis zu allen Theilen der Stadt erhebt: jedoch von diesen werden einige durch stärkeren, andere durch schwächeren Fall getrieben. Am höchsten geht der Neue Anio, diesem zunächst die Claudia, den dritten Grad nimmt die Julia ein, den vierten die Tepula, und dieser folgt die Marcia, welche an der Fassung sogar der Höhe der Claudia gleicht. Allein die Alten haben in niedrigerer Richtung geleitet, sei es weil die Kunst des Nivellirens noch nicht bis zur Genauigkeit ausgeforscht war, oder weil sie absichtlich die Gewässer unter die Erde versenkten, damit sie, da noch häufige Kriege mit den Italikern geführt wurden, nicht leicht von den Feinden abgefangen würden. Jetzt jedoch werden sie an einigen Orten, wo etwa eine Leitung vor Alter verfallen ist, mit Vermeidung der unterirdischen Umgehung der Thäler, der Kürze wegen, auf Untermauerungen und Bogenstellungen fortgeführt. Die sechste Stufe der Höhe nimmt der Alte Anio ein, welcher gleichfalls auch für höher liegende Stellen der Stadt zureichen würde, wenn er, wo die Beschaffenheit der Thäler und gesenkten Gegenden es erfordert, durch Untermauerungen und Bogenstellungen oder Strebewerke in die Höhe gehoben würde. Auf dessen Höhe folgt die Virgo, dann die Appia; welche beide, aus städtischem Felde hergeleitet, nicht zu solchem Höhepunkte erhoben werden konnten. Niedriger als alle ist die Alsietina, welche dem jenseits der Tiber gelegenen Stadtviertel und den ganz besonders tief liegenden Orten dient.

19. Von diesen werden sechs an der Latinischen Strasse, innerhalb des 7ten Meilensteines, in bedeckten Teichen aufgefasst, in welchen sie, indem die Gerinne vom Laufe ausruhend gleichsam neuen Athem schöpfen, den Schlamm absetzen. Auch das Maass derselben wird durch ebendaselbst angebrachte Eichstäbe bestimmt. Von da ab einigen sich die Julia, Tepula und Marcia; von denen die Tepula, welche abgefangen, wie wir oben gezeigt haben, dem Gerinne der Julia zugetreten war, nun aus dem Teiche ebenderselbigen Julia ihr Maass empfängt und in eigenem Kanale und unter eigenem Namen

fliesst. Diese drei werden von den Teichen ab auf ein und dieselbigen Bogen aufgenommen. Der oberste von diesen ist der der Julia, der untere der der Tepula; dann folgt die Marcia. Diese Gewässer kommen, in der Höhe des Viminalischen Hügels verbunden unter der Erde gehend, bis an das Viminalische Thor hin. Dort tauchen sie wiederum ans Tageslicht auf. Zuvor jedoch wird ein Theil der Julia, bei der Spes Vetus abgeleitet, in die Wasserschlösser des Berges Cölius vertheilt Die Marcia aber stürzt einen Theil ihres Wassers hinter den Pallantianischen Garten in das sogenannte Herculanische Fliess: dieses wird durch den Cölius fortgeführt, spendet aber gerade zu dieses Berges Gebrauch wegen zu niedriger Lage nichts, und endet über dem Capener Thor.

20. Der Neue Anio und die Claudia werden von den Teichen ab auf höhere Bogen aufgenommen, so dass der Anio oben ist. Es endigen die Bogen derselben nach den Pallantianischen Gärten, und von da werden sie zum Gebrauche der Stadt durch Röhren vertheilt. Einen Theil ihres Wassers jedoch überträgt die Claudia zuvor an der Spes Vetus auf die sogenannten Neronischen Bogen. Diese ziehen sieb durch den Berg Celius hin und endigen neben dem Tempel des Divus Claudius. Das empfangene Maass versenden die beiden Gewässer theils um eben den Celius, theils auf das Palatium und den Aventinus und in das Transtiberiaische Stadtviertel.

21. Der Alte Anio geht diesseits des 4ten Meilensteines, da wo man von der Latinischen Strasse auf die Lavicanische geht, unterhalb der Bogen des Neuen Anio durch, und hat dort seinen Teich. Dann gibt er innerhalb des 2ten Meilensteines einen Theil in das sogenannte Octavianische Hohlgerinne ab, und gelangt in die Gegend des Neuen Weges bis an die Asianischen Garten, von wo aus er durch den dortigen Strich herum vertheilt wird. Die gerade Leitung aber, welche an der Spes Vetus vorbei bis innerhalb des Esquilinischen Thores kommt, wird in tiefliegende Gerinne durch die Stadt zertheilt.

22. Weder die Virgo noch die Appia noch die Alsietina haben Fassungsbehälter, das heisst Teiche. Die Bogen der Virgo nehmen ihren Anfang unter den Lucillianischen Gärten, sie endigen auf dem Marsfelde an der Vorderseite der Septa (Schranken). Das Gerinne der Appia, unter dem Celius und Aventinus fortgetrieben, taucht, wie wir gesagt haben, unter dem Publicischen Hügel wieder ans Tageslicht auf. Die Leitung der Alsietina endet hinter der Naumachie, um deretwillen sie angelegt zu seyn scheint.

23. Weil ich nun die Urheber und Alter eines jeden Gewässers, überdiess die Ursprünge und Längen der Gerinne und deren Höhe-Folge durchgegangen bin; so bedünkt es mir nicht unzweckmässig, auch das Einzelne nachfolgen zu lassen und darzuthun, wie gross die Wassermenge sey, welche zu des Staates und der Privaten Gebrauch und Aushilfe so wie zu deren Vergnügen dient, und durch wie viele Schlosser und in welche Stadtviertel sie vertheilt wird, wieviel Wasser innerhalb der Stadt, wieviel ausserhalb der Stadt, dann wieviel für Becken, wieviel für Wasserkünste, wieviel für

öffentliche Wasserhäuser, wieviel auf Cäsars Rechnung, wieviel für den Privatgebrauch verwendet wird. Aber bevor ich die Namen Fünfer, Hunderter und die der übrigen Gemässe, durch welche die Messung festgesetzt ist, vorbringe, halte ich es für zweckmässig, auch anzugeben, welcher ihr Ursprung sey, welche die Gehalte, und was eine jede Benennung bedeute, und nach Vorlegung der Regel, nach welcher ihr Verhältniss und Eingang berechnet wird, zu zeigen, wie ich die Abweichungen gefunden und welchen Weg zur Verbesserung ich befolgt habe.

24. Die Gemässe der Gewässer sind entweder nach dem Maasse der Finger oder der Zolle eingerichtet. Die Finger sind in Campanien und an sehr vielen Orten Italiens, die Zolle in den Volksrechnungen bis auf den heutigen Tag im Gebrauch. Der Finger ist, nach Uebereinkunft, der sechszehnte, der Zoll der zwölfte Theil des Fusses. So wie aber zwischen Zoll und Finger Verschiedenheit stattfindet, so herrscht auch eben beim Finger keineswegs eine und dieselbige Geltung. Der eine heisst Quadratfinger, der andere Rundfinger. Der Quadratfinger ist um drei seiner Vierzehntheile grösser als der Rundfinger; der Rundfinger um drei seiner Ellftheile kleiner als der Quadratfinger, nämlich weil die Ecken abgehen.

25. Darnach wurde ein Gemässe, welches weder vom Zoll noch von einem der beiden Finger herstammt, nach der Angabe einiger vom Agrippa, nach andern von den Bleiern durch den Baukünstler Vitruvins eingeführt, und kam, mit Ausschliessung der früheren, in der Stadt in Gebrauch unter dem Namen Fünfer : weil, wie diejenigen sagen, welche es dem Agrippa zuschreiben, fünf alte winzige Gemässe und gleichsam Punkte, nach welchem einst das Wasser, als sein Vorrath noch unbedeutend war, getheilt wurde, in Eine Röhre zusammengetrieben worden sind; die es dem Vitruvius und den Bleiern zuschreiben, von dem Umstande, dass eine ebene Bleiplatte von fünf Fingern Breite, in Rundung getrieben, dieses Rohrmaass bilde. Allein dieses ist unsicher; weil die Platte, wenn sie rund getrieben wird, wie sie an der innern Oberfläche zusammengezogen, so an der äussern ausgedehnt wird. Am Wahrscheinlichsten ist, dass die Fünfer ihren Namen hat von dem Durchmesser von fünf Quadranten (Viertheilen); ein Verhältniss, welches auch bei den folgenden Gemässen bis zur Zwanziger fortbesteht, indem der Durchmesser jedes einzelnen Gemässes durch Hinzufügung einzel-

ner Quadranten wächst: z. B. bei der Sechser, welche nämlich sechs Quadranten im Durchmesser hat, und bei der Siebener, welche sieben, und so der Reihe nach unter gleichem Zuwachs bis zur Zwanziger.

26. Jedes Gemässe aber wird berechnet entweder nach dem Durchmesser oder nach dem Ummesser oder nach dem Inhalte des Querschnittes; aus welchen auch das Fassungsvermögen erhellet. Um den Unterschied des Zolles, des Quadratfingers und des Rundfingers und der Fünfer selbst leichter zu erkennen, muss man sich des Werthes der Fünfer bedienen, welches Gemässe das genaueste und am Allgemeinsten angenommene ist. Das Gemässe des Zolles also hat einen Finger und 1/3 des Fingers im Durchmesser; es fasst eine Fünfer und mehr als 1/8 der Fünfer, das heisst als 1.5/12 der Fünfer und 3 Scripel und 8/12 des Scripels. Der Quadratfinger, in Rundung gebracht, hat im Durchmesser einen Finger und 1.5/12 des Fingers und ein Scripel; er fasst von der Fünfer 9/12, 1.5/12 und 1/48. Der Rundfinger hat im Durchmesser einen Finger; er fasst von der Fünfer 7/12, 1/24 und 1/72.

27. Uebrigens erhalten die Gemässe, welche von der Fünfer entspringen, auf zweierlei Art Zuwachs. Die eine ist, wenn die Fünfer selbst vervielfacht wird, d. h. in demselbigen Lichten mehrere Fünfer eingeschlossen werden; wobei je nach Hinzufügung von Fünfern die Weite des Lichten wächst. Sie ist aber in der Regel dann im Gebrauch, wenn mehrere Fünfer, um nicht durch das Recht auf bewilligtes Wasser die Röhren auf den Wegen zu oft zu verwunden, durch Eine Röhre ins Wasserschloss aufgenommen werden, aus welchen die Einzelnen ihr Maass erhalten. Die zweite Art findet Statt, so oft die Röhre nicht durch nothwendige Verdoppelung der Fünfer wächst, sondern nach dem Maass ihres Durchmessers: wornach sie auch den Namen erhält und das Fassungsvermögen erweitert. So z. B. gibt die Fünfer, wenn man ihr zum Durchmesser ein Viertheil hinzufügt, eine Sechser: nicht aber erweitert sie nun ihr Fassungsvermögen um ein Ganzes: denn sie fasst 1 Fünfer und 5/12 und 1/48. Und sofort auf dieselbe Weise ergeben sich durch Hinzufügung von Viertheilen, wie oben gesagt worden ist, die Siebener, die Achter, bis zur Zwanziger.

29. Hierauf folgt die Berechnungsweise, welche sich aus der Zahl der im Querschnitte, d. i. Lichten, jedes Gemässes enthaltenen Quadratfinger ergibt; von welchen die Röhren auch den Namen erhalten: denn diejenige, welche im Querschnitt, d. i. dem in Rundung gebrachten Lichten, fünf und zwanzig Quadratfinger hat, wird Fünfundzwanziger genannt: auf gleicher Berechnung beruht die Benennung Dreissiger, und sofort durch Zuwachs der Quadratfinger bis zur Hundertzwanziger.

30. In der zwanziger Röhre, welche auf der Gränze beider Berechnungsarten liegt, stimmen beide Berechnungsarten fast überein. Denn nach der in den vorangehenden Gemässen zu beobachtenden Berechnung hat sie im Durchmesser zwanzig Viertheile, und nach der Berechnungsart der auf jene Berechnung folgenden Gemässe hat sie an Quadratfingern um ein Ganzes weniger als zwanzig.

31. Mit der Berechnung der Röhren von den Fünfern bis zu den Hundertzwanzigern verhält es sich durch alle Gemässe hindurch so, wie wir dargethan haben; und auf jede Weise vorgenommen, . bleibt sie sich gleich: sie stimmt auch mit den Gemässen überein, welche in des unüberwindlichsten und mildesten Fürsten Denkschriften aufgenommen und bestätigt sind. Mag man also Berechnung, mag man Ansehen zu befolgen haben, in beider Hinsicht haben die Gemässe der Denkschriften grösseres Gewicht. Allein die Wasserer haben, obgleich sie mit der offenkundigen Berechnungsweise mehrentheils übereinstimmen, in vier Gemässen sich Neuerungen erlaubt, nämlich in der Zwölfer, Zwanziger, Hunderter und Hundertzwanziger.

32. Zwar ist bei der Zwölfer weder der Fehler gross, noch der Gebrauch häufig: zu ihrem Durchmesser haben sie 1/24 und 1/48 eines Fingers, zum Fassungsvermögen 3/12 der Fünfer hinzugefügt. Bei den übrigen drei Gemässen aber nimmt man ein Mehreres wahr. Die Zwanziger verkleinern sie im Durchmesser um 6/12 eines Fingers, an Fassungsvermögen um 3 Fünfer und 1/24: und mit diesem Gemässe geschieht meistens die Verausgabung. Die Hunderter aber und die Hundertzwanziger, mit welchen sie fortwährend empfangen, werden nicht vermindert, sondern vermehrt. Zum Durchmesser der Hunderter nämlich fügen sie 8/12 und 1/24 eines Fingers hinzu, zum Fassungsvermögen 10 Fünfer, 6/12 1/24 und 1/48. Dem Durchmesser der hundertzwanziger fügen sie hinzu 3 Finger, 7/12 und 1/24, dem Fassungsvermögen 65 Fünfer, 9/12 und 1/48.

33. So werden, indem sie entweder der Zwanziger, womit sie mitunter verausgaben, entziehen, oder der Hunderter und Hundertzwanziger, mit welchen sie stets empfangen, hinzufügen, in der Hunderter 25 Fünfer, 10/12 und 1/72, in der Hundertzwanziger 84 Fünfer, 1/12 und 1/48 unterschlagen. Eine Sache die, durch die

Rechnung bewährt, auch an sich selbst klar ist. Denn anstatt der vom Cäsar für 16 Fünfer angewiesenen Zwanziger verausgaben sie nicht mehr als 13; und aus der Hunderter, die sie erweitert haben, ist es eben so gewiss, dass sie nur nach einer beschränkteren Zahl verausgaben: weil Cäsar nach seinen Denkschriften, wenn er aus jeder Hunderter 81 Fünfer und 6/12, ebenso aus jeder Hundertzwanziger 97 Fünfer und 9/12 gefüllt hat, als aus erschöpftem Gemässe zu vertheilen aufhört.

34. Im Ganzen gibt es 25 Gemässe. Sämmtlich stimmen sie überein sowohl mit der Berechnung als auch mit Denkschriften, die 4 ausgenommen, welche die Wasserer geneuert haben. Alles aber, was durch Messung berechnet und zusammengefasst wird, muss in allen Theilen in festem und unveränderlichen Einklange mit einander stehen: denn so wird auch für die Gesammtheit die Rechnung sich gleich bleiben. Und wie z. B. das Verhältniss des Sechsters zu den Cyathen, das des Modius aber sowohl zu den Sechstern als auch zu den Cyathen sich entsprechen, so muss auch die Vervielfachung der Fünfer bei grösseren Gemässen die Regel der Aufeinanderfolge beobachten: sonst wird, wenn im Ausgabegemässe weniger, im Empfangsgemasse mehr befunden wird, ersichtlich, dass nicht Irrthum sondern Betrug stattfindet.

35. Vergessen wir hierbei nicht, dass jedes Wasser, so oft es von einem höheren Orte kommt und nach kurzem Laufe ins Wasserschloss fällt, nicht nur seinem Gemässe entspricht, sondern sogar Ueberfluss liefert; so oft es aber aus einem niedrigeren Orte, mithin in geringerem Gefälle, einen ziemlich weiten Weg geleitet wird, durch die Trägheit der Leitung auch an Maass einbüsst: dass mithin nach diesem Verhältniss entweder eine Hemmung des Wassers oder eine Nachhülfe nöthig ist.

36. Aber auch die Stellung des Kelches hat Einfluss. Gerade aufrecht und wagerecht gestellt, bewahrt er gleichförmig sein Maass; dem Laufe des Wassers entgegen und abschüssig gestellt, verschlingt er mehr; auf die Seite hingewendet, so dass das Wasser vorbeifliesst, und nach dem Laufe des Wassers geneigt, also weniger zum Schlucken geeignet, trinkt er ohne Gier eine unbedeutende Menge. Es ist aber der Kelch ein ehernes Gemässe, welches in das Gerinne oder Wasserschloss eingesteckt wird : daran werden die

Röhren angebracht. Seine Länge darf nicht weniger als 12 Finger haben; Lichten, d. h. Fassungsvermögen, so viel als befohlen wird. Er scheint ausfindig gemacht worden zu seyn, weil die Härte des Erzes, nur mühsam zu beugen, nicht leicht ausgedehnt oder zusammengezogen werden kann.

37. Die Gemässe, die es gibt, sämmtliche 25, habe ich, obgleich nur 15 im Gebrauch sind, unten folgen lassen, gerichtet nach der Berechnungsweise, worüber wir oben geredet haben, unter Verbesserung der 4, an welchen die Wasserer sich Neuerungen erlaubt hatten: nach dieser müssen alle die Röhren, welche noch Schwierigkeit machen werden, gerichtet, oder, soll es bei diesen Röhren beim Alten bleiben, nach der Zahl der Fünfer, die sie fassen, berechnet werden.

38. Welche Gemässe nicht im Gebrauch sind, steht bei ihnen selbst bemerkt. * * *

39. Die Fünfer-Röhre hat im Durchmesser 1 Finger und 3/12; im Ummesser 3 Finger, 11/12 und 3/288: sie fasst 1 Fünfer.

40. Die Sechser-Röhre im Durchmesser 1 Finger und 6/12; im Ummesser 4 Finger, 8/12, 1/24 und 1/288; sie fasst 1 Fünfer, 5/12 und 1/48.

41. Die Siebener-Röhre im Durchmesser 1 Finger und 9/12; im Ummesser 5 Finger und 6/12: sie fasst 1 Fünfer 11/12 und 1/24. 42. Die Achter-Röhre im Durchmesser 2 Finger; im Ummesser 6 Finger, 3/12 und 1/36: sie fasst 2 Fünfer, 6/12, 1/24 und 1/48.

43. Die Zehner-Röhre im Durchmesser 2 Finger und 6/12; im Ummesser 7 Finger, 10/12 and 1/48: sie fasst 4 Fünfer.

44. Die Zwölfer-Röhre im Durchmesser 3 Finger; im Ummesser 9 Finger, 5/12 und 2/288: sie fasst 5 Fünfer und 9/12. Ist nicht im Gebrauch. Bei den Wasserern hatte sie im Durchmesser 3 Finger, 1/24 und 1/48; an Fassungsvermögen 6 Fünfer.

45. Die Fünfzehner-Röhre im Durchmesser 3 Finger und 9/12; im Ummesser 11 Finger, 9/12 und 1/36: sie fasst 9 Fünfer.

46. Die Zwanziger-Röhre im Durchmesser 5 Finger; im Ummesser 15 Finger, 8/12 und 1/24: sie fasst 16 Fünfer. Bei den Wasserern

hatte sie im Durchmesser 4 Finger und 6/12; an Fassungsvermögen 12 Fünfer, 11/12 und 1/24.

47. Die Fünfundzwanziger-Röhre im Durchmesser 5 Finger, 7/12, 1/24, 1/72 und 1/288; im Ummesser 17 Finger, 8/12, 1/24 und 1/48: sie fasst 20 Fünfer, 4/12 und 1/24. Ist nicht im Gebrauch.

48. Die Dreissiger-Röhre im Durchmesser 6 Finger, 2/12 und 1/72; im Ummesser 19 Finger und 5/12: sie fasst 24 Fünfer, 5/12 und 1/36.

49. Die Fünfunddreissiger-Röhre im Durchmesser 6 Finger, 8/10 und 3/288; im Ummesser 20 Finger, 11/12, 1/24 und 1/48: sie fasst 28 Fünfer, 6/12 und 1/48. Ist nicht im Gebrauch.

50. Die Vierziger-Röhre im Durchmesser 7 Finger 1.5/12 und 1/72; im Ummesser 22 Finger und 5/12 : sie fasst 32 Fünfer, 7/12 und 1/72.

51. Die Fünfundvierziger-Röhre im Durchmesser 7 Finger, 6/12, 1/24 und 1/36; im Ummesser 23 Finger, 9/12 und 1/36: sie fasst 36 Fünfer und 8/12. Ist nicht im Gebrauch.

52. Die Fünfziger-Röhre im Durchmesser 7 Finger, 11/12, 1/24 und 1/48; im Ummesser 25 Finger, 1/24 und 1/48: sie fasst 40 Fünfer und 9/12.

53. Die Fünfundfünfziger-Röhre im Durchmesser 8 Finger, 4/12, 1/48 und 1/72: im Ummesser 26 Finger, 3/12 und 1/24: sie fasst 44 Fünfer, 9/12, 1/24 und 1/36. Ist nicht im Gebrauch.

54. Die Sechsziger-Röhre im Durchmesser 8 Finger, 8/12, 1/24, 1/36 und 1/288; im Ummesser 27 Finger, 5/12 und 1/24: sie fasst 48 Fünfer, 10/l2, 1/24 und 1/72.

55. Die Fünfundsechsziger Röhre im Durchmesser 9 Finger, 1/12 und 1/72; im Ummesser 28 Finger, 6/12, 1/24, 1/48 und 1/72; sie fasst 52 Fünfer, 11/12 und 1/24. Ist nicht im Gebrauch.

56. Die Siebenziger-Röhre im Durchmesser 9 Finger, 5/12 und 1/36; im Ummesser 29 Finger und 8/12; sie fasst 57 Fünfer und 1/24.

57. Die Fünfundsiebenziger-Röhre im Durchmesser 9 Finger, 9/12 und 1/48: im Ummesser 30 Finger, 8/12 und 1/36: sie fasst 61 Fünfer, 1/12 und 1/36. Ist nicht im Gebrauch.

58. Die Achtziger-Röhre im Durchmesser 10 Finger, 1/24, 1/36 und 1/48; im Ummesser 31 Finger, 6/12 und 1/36: sie fasst 65 Fünfer, 2/12 und 1/48.

59. Die Fünfundachtziger-Röhre im Durchmesser 10 Finger, 4/12 1/24 und 1/36; im Ummesser 32 Finger, 8/12 und 1/72: sie fasst 69 Fünfer, 3/12 und 1/72. Ist nicht im Gebrauch.

60. Die Neunziger-Röhre im Durchmesser 10 Finger, 8/l2, 1/36 und 3/288; im Ummesser 33 Finger, 7/12, 1/36 und 1/48; sie fasst 73 Fünfer und 4/l2.

61. Die Fünfundneunziger-Röhre im Durchmesser 11 Finger; im Ummesser 34 Finger, 6/12, 1/24 und 1/72: sie fasst 77 Fünfer und 5/12, Ist nicht im Gebrauch.

62. Die Hunderter-Röhre im Durchmesser 11 Finger, 3/12, 1/48 und 1/72; im Ummesser 35 Finger, 5/12, 1/48 und 1/72: sie fasst 81 Fünfer, 5/12, 1/24 und 1/36. Bei den Wasserern hatte sie im Durchmesser 11 Finger, 11/12, 1/24, 1/48 und 1/72; an Fassungsvermögen 92 Fünfer, 1/36 und 1/48.

63. Die Hundertzwanziger-Röhre im Durchmesser 12 Finger, 4/12 und 1/36; im Ummesser 38 Finger und 10/12: sie fasst 97 Fünfer, ' 9/12, 1/48 und 1/72. Bei den Wasserern hatte sie im Durchmesser 15 Finger, 11/12, 1/24 und 1/36; an Fassungsvermögen 163 Fünfer, 6/12, 1/24 und 1/72: welches das Maass zweier Hunderter ist.

64. Nach Verfolgung dessen, was über die Gemässe zu sagen nothwendig war, will ich nun angeben, welches Maass ein jegliches Gewässer, nach den Angaben in den fürstlichen Denkschriften, bis auf meine Amtszeit hat haben sollen und wieviel es verausgabt hat; darauf welches Maass ich selbst durch gewissenhafte Untersuchung, unter vorleuchtender Umsicht des besten und thätigsten Fürsten Nerva, gefunden habe. Also es standen in den Denkschriften im Ganzen 12,755 Fünfer: in Verausgabung 14,018; ein Mehr in Vertheilung als in Einnahme wurde berechnet von 1263 Fünfern. Hierüber betroffen, fühlte ich, da ein vorzüglicher Theil meiner Dienst-Obliegenheit, wie ich glaubte, auf der Erforschung zuverlässiger Angaben über die Gewässer und deren Menge beruhete, mich lebhaft aufgefordert zu untersuchen, wie denn mehr verausgabt würde, als so zu sagen im Erbvermögen wäre. Vor Allem ging ich also daran, die Fassungen der Leitungen zu messen; aber ich fand ein weit, das heisst um ungefähr 10,000 Fünfer, grösseres Maass, als in den Denkschriften, wie ich bei jedem einzelnen Gewässer zeigen will.

65. Der Appia ist in den Denkschriften ein Maass von 841 Fünfern zugeschrieben. Zwar konnte an ihrer Fassung, weil sie aus zwei Gerinnen besteht, die Eichung nicht gefunden werden; bei den Gemellen jedoch, zwischen der Spes Vetus, wo sie sich mit dem Zweige der Augusta vereinigt, habe ich eine Wasser-Höhe von 5 Fuss, eine Breite von 1 Fuss und 9/12 gefunden : daraus ergeben sich 8 Fuss und 9/12 im Querschnitt: 22 Hunderter und eine Vierziger; welche 1825 Fünfer betragen, um 984 Fünfer mehr, als sie in den Denkschriften enthält. Sie verausgabte 704 Fünfer, um 137 Fünfer weniger, als ihr in den Denkschriften zugeschrieben wird, und überdem um 1121 Fünfer weniger, als die Eichung bei den Gemellen angibt. Es geht jedoch bedeutend viel Wasser durch die Schadhaftigkeit der Leitung verloren, welche wegen ihrer tieferen Lage nicht leicht die Durchrinnungen gewahr werden lässt. deren wirkliches Vorhandensein aus dem Umstände ersichtlich ist, dass in sehr vielen Stadttheilen verloren gegangenes Wasser bemerkt wird, auch einige unerlaubte Röhren haben wir in der Stadt ertappt. Ausserhalb der Stadt aber hat sie wegen der tiefen Lage, die ich bei der Fassung 50 Fuss unter der Erde angetroffen habe, keine Beeinträchtigung erlitten.

66. Dem Alten Anio ist in den Denkschriften ein Maass von 1441 Fünfern zugeschrieben. An der Fassung habe ich 4398 gefunden, ausser dem Maasse, welches in die eigene Leitung der Tiburter abgeführt wird; mehr, als in den Denkschriften steht, um 2907 Fünfer. Verausgabt wurden, bevor sie zum Teiche kam, 262: das im Teiche nach den angebrachten Eichstäben berechnete Maass beträgt 2362 Fünfer: es gingen also zwischen der Fassung und dem Teiche verloren 1774. Nach dem Teiche verausgabte er 1348 Fünfer: mehr, als wir gesagt haben dass in den Denkschriften das Fassungsmaass bezeichnet würde, um 169: weniger, als wir angezeigt dass nach dem Teiche in die Leitung aufgenommen würde, um 1014. Die Summe des Wassers, welches zwischen der Fassung und dem Teiche und nach dem Teiche verloren ging, betrug 2783 Fünfer: was ich einem Irrthum in der Messung zuschreiben würde, wenn ich nicht gefunden hätte, wo sie unterschlagen würden.

67. Der Marcia ist in den Denkschriften ein Maass von 2162 Fünfern zugeschrieben. An der Fassung messend habe ich 4690 Fünfer gefunden: mehr, als in den Denkschriften steht, um 2528. Verausgabt wurden, bevor sie zum Teiche gelangte, 95 Fünfer; überdiess wurden zur Unterstützung der Tepula 92 gegeben; ebenso dem Anio 164: die Summe, welche vor dem Teiche verausgabt wurde, betrug 351 Fünfer. Das in dem Teiche nach den dort angebrachten Eichstäben berechnete Maass, dasselbe mit dem,, welches kurz nach dem Teiche auf die Bogen aufgenommen wird, beträgt 2944 Fünfer. Die Summe, welche entweder vor dem Teiche verausgabt, oder welche auf die Bogen aufgenommen wird, beträgt 3294 Fünfer; mehr, als in dem Fassungsmaass der Denkschriften aufgezeichnet steht, um 1133; weniger, als die bei der Fassung vorgenommenen Messungen herausstellen, um 1395. Sie verausgabte vor dem Teiche 1840 Fünfer; weniger als in den Denkschriften, wie gesagt, das Fassungsmaass bezeichnet wird, um 227; weniger, als aus dem Teiche auf die Bogen übernommen werden, um 1104. Beide Summen, die entweder zwischen der Fassung und dem Teiche oder nach dem Teiche verloren; gingen, beitrugen 2499 Fünfer: deren Abfangung, wie bei den übrigen Gewässern, wir an mehreren Stellen ertappt haben. Denn dass diese nicht mangeln, ist auch daraus schon offenbar, dass bei der Fassung ausser dem Maasse, welches wir aus dem

Fassungsvermögen der Leitung, wie gesagt, ermittelt haben, mehr als 300 Fünfer verschleudert werden.

68. Der Tepula ist in den Denkschriften ein Maas von 400 Fünfern zugeschrieben. Dieses Wasser hat keine Quellen : es bestand aus einigen Adern, die in der Julia abgefangen sind. Ihre Fassung hat man sich also vom Teiche der Julia an zu merken: aus diesem nämlich empfangt sie zuerst 190 Fünfer; dann gleich darauf aus der Marcia 92; überdiess aus dem Neuen Anio bei den Epaphroditianischen Gärten 163. Daraus ergeben sich im Ganzen 445 Fünfer; mehr, als in den Denkschriften, um 45, welche bei der Verausgabung sich zeigen.

69. Der Julia ist in den Denkschriften ein Maass von 649 Fünfern zugeschrieben. An der Fassung konnte die Eichung nicht bestimmt werden, weil sie aus mehreren Zuflüssen besteht; bei dem 6ten Meilensteine von der Stadt aber wird sie ganz in den Teich aufgenommen, wo ihr Maass nach den offen ersichtlichen Eichstäben 1206 Fünfer beträgt: mehr, als in den Denkschriften, um 551. Ausserdem empfängt sie nahe bei der Stadt hinter den Pallantianischen Gärten aus der Claudia 162 Fünfer. Die Totalsumme der Fünfer der Julia in der Einnahme ist 1368. Davon gibt sie 190 in die Tepula; verausgabt für eigene Rechnung 803. Daraus ergeben sich im Ganzen 993 Fünfer, die sie verausgabt: mehr, als sie in den Denkschriften hat, um 343; weniger, als sie in dem Teiche, wie wir angegeben, hat, um 213: gerade so viel, als wir bei denen ertappt haben, welche sich ihrer ohne fürstliche Bewilligungen anmassten.

70. Der Virgo ist in den Denkschriften ein Maass von etwas weniger als 152 Fünfern zugeschrieben. Die Eichung konnte an der Fassung nicht gefunden werden, weil sie aus mehreren Zuflüssen besteht und zu sachte in ihr Gerinne eintritt. Nahe bei der Stadt jedoch am 2ten Meilensteine habe ich auf dem Felde, welches jetzt dem Cejonius Commodus angehört, wo sie einen schnelleren Lauf hat, die Eichung vorgenommen, welche 2504 Fünfer beträgt: mehr, als in den Denkschriften, um 1752. Unser Beweis ist jedem gleich zur Hand: sie verausgabt nämlich alle Fünfer, die wir bei der Eichung gefunden, das ist 2504.

71. Das Fassungsmaas der Alsietina ist weder in den Denkschriften angeschrieben, noch konnte es an Ort und Stelle mit Sicherheit

gefunden werden: weil sie aus dem Alsietinischen See und nachher in der Gegend von Carejae aus dem Sabatinischen ein so grosses Maass empfängt, ale die Wasserer belieben. Die Alsietina verausgabt 392 Fünfer.

72. Die Claudia, reichhaltiger als andere, ist besonders der Beeinträchtigung ausgesetzt. In den Denkschriften hat sie nicht mehr als 2855 Fünfer; obgleich ich an der Fassung 4607 gefunden habe: mehr, als in den Denkschriften, um 1752. So sehr aber ist unsere Messung die richtigere, dass wir am 7ten Meilensteine von der Stadt im Teiche, wo die Messungen unbezweifelt sind, 3312 Fünfer gefunden haben: mehr, als in den Denkschriften, um 457: obgleich sie nicht nur auf Verwilligungen vor dem Teiche verausgabt , sondern ihr auch, wie wir entdeckt haben, sehr viel heimlich entzogen wird, und mithin um 1295 Fünfer weniger gefunden wird, als in der That seyn sollte. Bei der Verausgabung aber liegt der Betrug am Tage, welche weder mit der Angabe der Denkschriften, noch mit den von uns an der Fassung, und auch nicht einmal mit den im Teiche vorgenommenen Messungen, namentlich nach so vielen Beeinträchtigungen, übereinstimmt. Es werden nämlich nur 1750 Fünfer verausgabt: weniger, als in den Denkschriften die Berechnung gibt, um 1105; weniger aber, als die an der Fassung angestellten Messungen gezeigt haben, um 2857; weniger auch, als im Teiche gefunden wird, um 1562. Weshalb sie denn, in eigenem Gerinne lauter zur Stadt gelangt, in der Stadt mit dem Neuen Anio vermischt wurde, um durch die Zusammengiessung sowohl deren Fassungsmaass als Verausgabung zu verdunkeln. Wer aber etwa glaubt, ich hatte den Maassen der Zuflüsse geschmeichelt, ist daran zu erinnern, dass die Curtische und Caerulische Quellen dem Claudischen Gewässer zur Leistung der für seine Leitung bestimmten oben von mir bezeichneten 4607 Fünfer in dem Maasse genügen, dass noch 1600 Fünfer überflüssig sind. Dabei aber läugne ich auch nicht, dass das, was überflüssig ist, eigentlich nicht diesen Quellen angehört: es kommt nämlich aus der Augusta, welche, zur Ergänzung der Marcia erfunden, während sie ihrer nicht bedarf, wir den Quellen der Claudia zugewiesen haben, obgleich selbst die Leitung dieser nicht alles Wasser aufnimmt.

73. Der Neue Anio war in den Denkschriften angesetzt mit 3263 Fünfern. Beim Messen an der Fassung habe ich 4738 Fünfer gefun-

den : mehr, als in dem Fassungsmaass der Denkschriften steht, um 1475. Dass in dieser Angabe der Summe der gesammten Fünfer keine Leidenschaft herrsche, auf welche andere Weise kann ich das handgreiflicher bewahrheiten, als dadurch dass in der Verausgabung der Denkschriften selbst eine grössere Anzahl von Fünfern enthalten ist ? Verausgabt nämlich werden 4200 Fünfer; da doch sonst in denselbigen Denkschriften ein nicht grösseres Fassungsmaass, als von 3263 gefunden wird. Ueberdiess habe ich entdeckt, dass nicht bloss 527, der Unterschied zwischen unserer Messung und der Verausgabung, unterschlagen werden, sondern ein weit grösseres Maass. Woraus hervorgeht, dass die von uns angenommene Messung sogar noch Ueberschuss liefere. Der Grund dieser Erscheinung liegt darin, dass die reissendere Wassermasse, nämlich aus einem reichhaltigen und schnellen Flusse aufgefasst, eben durch die Geschwindigkeit ihr Maass vergrössert.

74. Ich zweifle nicht, dass Manche die Erscheinung, dass nach den angestellten Messungen die Wassermenge weit grösser befunden worden ist, als in den fürstlichen Denkschriften angegeben steht, sich als eine auffallende bemerken werden. Der Grund hiervon ist der Irrthum derjenigen, welche von Anfang an jegliche Wassermenge nicht sorgfaltig genug abgeschätzt haben. Und dem Glauben, sie seyen aus Furcht vor dem Sommer oder vor trockenen Zeiten so sehr von der Wahrheit abgewichen, steht der ' Umstand im Wege, dass, nach angestellter Messung eben im Monate Julius, die in diesem Monat gefundene oben angegebene Menge eines jeden Gewässers sich nach meiner Erforschung den ganzen Sommer hindurch immer gleich geblieben ist. Was jedoch auch die vorangehende Ursache sey, das wenigstens ist aufgedeckt, dass 10,000 Fünfer verloren gegangen sind; indem die Fürsten Ihre Bewilligungen auf das in den Denkschriften angegebene Maass beschränken.

75. Eine folgende Verschiedenheit besteht darin, dass ein anderes Maass bei den Fassungen, ein anderes und nicht um ein Geringes kleineres in den Teichen gefasst wird, das kleinste dann in der Vertheilung enthalten ist. Ursache hiervon ist der Betrug der Wasserer, welche wir auf Ableitung von Wassern aus öffentlichen Leitungen zum Privatgebrauch ertappt haben. Aber auch eine grosse Anzahl von Grundbesitzern, aus deren Feldern Wasser umhergeführt wird, durchbohren mitunter die Röhren; woher es kommt, dass die öffentlichen Leitungen von Privatleuten sogar zum Gebrauch für ihre Gärten unterbrochen werden.

76. Ueber Vergehungen der Art kann weder mehr noch besser gesagt werden, als vom Caelius Rufus gesagt worden ist in der Rede, welche die Ueberschrift führt >Von den Gewässern<. Und wir könnten beweisen, dass man sich jetzt alle diese Missbräuche erlaubt, wäre es nur möglich ohne Aergerniss zu geben: bewässerte Felder, Kaufläden, Speisezimmer auch, endlich alle liederlichen Häuser haben wir mit stets fliessenden Brunnen versehen gefunden. Denn dass unter falschen Titeln einige Gewässer an der Stelle anderer pflegten verausgabt zu werden, das gehört unter die leichteren Vergehungen. Unter denen jedoch, welche eine nothwendige Abhülfe zu erfordern schienen, ist dasjenige aufzuführen, welches in der Regel um den Coelius und Aventinus herum geschah. Diese Hügel genossen, vor der Herleitung der Claudia, das Wasser der Marcia und Julia. Nachdem aber der Kaiser Nero die Claudia auf höherem Bogenwerke bis zum Tempel des Divus Claudius geleitet hatte, damit sie von dort aus vertheilt werde, sind die ersteren nicht bereichert, sondern aufgegeben worden: denn er hat keine neuen Wasserschlösser hinzugefügt, sondern die bestehenden benutzt, und deren alte Benennung ist, obschon das Wasser ein anderes geworden, geblieben.

77. Genug Ist hiermit über das Maass eines jeden Gewässers und über, um mich so auszudrücken, eine Art neuer Eroberung von Gewässern, über den Unterschleif und die an ihnen stattgefundenen Vergehungen gesagt. Es ist noch übrig, die Verausgabung, die wir so zu sagen in eine Masse zusammengedrängt, ja sogar unter unrichtigen Posten angegeben gefunden haben, auf die verschiedenen Gewässer, wie es sich namentlich bei jedem einzelnen damit verhält, und auf die Stadtviertel zu vertheilen. Ich weiss wohl, dass

deren Angabe nicht nur trocken, sondern auch verwickelt vorkommen könne; dennoch wollen wir sie möglichst kurz zusammenfassen, damit nichts gleichsam von dem Grundrisse des Dienstes denen mangele, welchen die Kenntniss einer allgemeinen Uebersicht genügen, das Unwichtigere aber zu übergehen erlaubt seyn wird.

78. Wie also die Vertheilung von 14.018 Fünfern, so auch . . . . weil .... welche aus einigen Gewässern zur Unterstützung anderer gegeben und scheinbar zweimal verausgabt werden, nur einmal in Rechnung kommen. Aus dieser Zahl werden ausserhalb der Stadt vertheilt 4063 Fünfer : wovon auf Caesars Rechnung 1718, für Privatleute 2345. Die übrigen 9955 wurden innerhalb der Stadt in 247 Schlösser vertheilt: von diesen wurden verausgabt auf Caesars Rechnung 1707.5 Fünfer, für Privatleute 3847. zum öffentlichen Gebrauch 4401 : wovon an 19 Läger 279, an 95 Wasserhäuser 2401, an 39 Künste 386, an 591 Becken 1335 Fünfer. Aber auch diese Verwendung ist auf die einzelnen Gewässer und Stadtviertel zu vertheilen.

79. Von den 14,018 Fünfern also, welche Summe wir für die Verausgabungen sämmtlicher Gewässer ausgeworfen haben, werden auf die Appia ausserhalb der Stadt nur 5 Fünfer gegeben, weil sie in niedriger Lage entspringt; und von den Wasserern wurden die übrigen 699 Fünfer innerhalb der Stadt vertheilt durch das 2te, 8te, 9te, 11te, 12te, 13te und 14te Stadtviertel in 20 Schlösser: von diesen auf Caesars Rechnung 151, an Privatleute 194, zum öffentlichen Gebrauch 354 Fünfer: wovon an 1 Lager 3, an 14 Wasserhäuser 123, an 1 Kunst 2, an 92 Becken 226 Fünfer.

80. Vom Neuen Anio wurden ausserhalb der Stadt verausgabt auf Caesars Rechnung 104, für Privatleute 404 Fünfer. Die übrigen 1202.5 Fünfer wurden innerhalb der Stadt vertheilt durch das 1te, 3te, 4te, 5te, 6te, 7te, 8te, 9te, 12te und 14te Stadtviertel in 35 Schlösser : von diesen auf Caesars Rechnung 60, zum Privatgebrauch 490, zum öffentlichen Gebrauch 552 Fünfer: wovon an 1 Lager 50, an 19 Wasserhäuser 195, an 5 Künste 88, an 94 Becken 21S Fünfer.

81. Von der Marcia wurden ausserhalb der Stadt verausgabt auf Caesars Rechnung 269, für Privatleute 568 Fünfer. Die übrigen 1098 Fünfer wurden innerhalb der Stadt vertheilt durch das 1te, 3te, 4te, 5te, 6te, 7te, 8te, 9te, 10te und 14te Stadtviertel in 51 Schlösser: von

diesen auf Caesars Rechnung 116, für Privatleute 543, zum öffentlichen Gebrauch 439, an 4 Läger 41, an 15 Wasserhäuser 41, an 12 Künste 104, an 113 Becken 253 Fünfer.

82. Von der Tepula wurden ausserhalb der Stadt verausgabt auf Caesars Rechnung 58, für Privatleute 56 Fünfer. Die übrigen 331 Fünfer wurden innerhalb der Stadt vertheilt durch das 4te, 5te, 6te und 7te Stadtviertel in 14 Schlösser: von diesen auf Caesars Rechnung 34, für Privatleute 247, zum öffentlichen Gebrauch 50 Fünfer: wovon an 1 Lager 12, an 3 Wasserhäuser 7, an 13 Becken 31 Fünfer.

83. Von der Julia flössen ausserhalb der Stadt auf Caesars Rechnung 85, für Privatleute 121 Fünfer. Die übrigen 597 Fünfer wurden innerhalb der Stadt vertheilt durch das 2te, 3te, 5te, 6te, 8te, 10te und 12te Stadtviertel in 17 Schlösser: von diesen auf Caesars Rechnung 18, für Privatleute 196, zum öffentlichen Gehrauch 383 Fünfer: wovon an 3 Läger 69, an 10 Wasserhäuser 182, an 3 Künste 67, an 28 Becken 65 Fünfer.

84. Die Virgo lieferte ausserhalb der Stadt 200 Fünfer. Die übrigen 2304 Fünfer wurden innerhalb der Stadt vertheilt durch das 7te, 9te und 14te Stadtviertel in 18 Schlösser: von diesen auf Caesars Rechnung 549, für Privatleute 338, zum öffentlichen Gebrauch 1417 Fünfer: wovon an 2 Künste 26, an 25 Becken 61 , an 16 Wasserhäuser 1330 Fünfer; worunter für sich an den Euripus, welchem sie selbst den Namen gegeben, 460 Fünfer.

85. Die Alsietina lieferte 392 Fünfer. Diese wird ganz ausserhalb der Stadt verbraucht, und zwar auf Caesars Rechnung 254, für Privatleute 138 Fünfer.

86. Die Claudia und der Neue Anio wurden ausserhalb der Stadt jede aus eigenem Gerinne verausgabt; innerhalb der Stadt flössen sie zusammen. Und zwar lieferte die Claudia ausserhalb der Stadt auf Caesars Rechnung 217, für Privatleute 439; der Neue Anio auf Caesars Rechnung 731, für Privatleute 414 Fünfer. Die von Beiden übrigen 3824 Fünfer wurden innerhalb der Stadt vertheilt durch die 14 Stadtviertel in 92 Schlösser: von diesen auf Caesars Rechnung 779, für Privatleute 1839, zum öffentlichen Gebrauch 1206 Fünfer: wovon an 9 Lager 104, an 18 Wasserhäuser 522, an 12 Künste 99, an 226 Becken 481 Fünfer.

87. Das ist die Uebersicht der bis auf Kaiser Nerva berechneten Wassermenge. Jetzt ist durch die Fürsorge des thätigsten Fürsten alles dasjenige, was entweder durch die Betrügerei der Wasserer ist unterschlagen worden, oder Fahrlässigkeit hat zu Grunde gehen lassen, gleichsam durch eine neue Auffindung von Quellen wieder angewachsen. Und beinahe ist die Wasserfülle öffentlich Preis gegeben gewesen; jedoch nachher hat man auch eine gewissenhafte Vertheilung vorgenommen, damit diejenigen Stadtviertel, welchen nur Ein Gewässer zu Dienste stand, mehrere erhielten: z. B. der Coelius und Aventinus, auf welche die einzige Claudia durch die Neronischen Bogen geleitet wurde: woher es kam, dass, so oft irgend eine bauliche Herstellung eintrat, diese sehr bevölkerten Hügel Durst litten. Ihnen hat man jetzt wieder mehrere Gewässer zufliessen lassen, vor allen aber die Marcia, welche in erweitertem Werke vom Coelius bis auf den Aventinus hingeleitet wird. Auch haben in allen Theilen der Stadt die Becken, neue und alte, mehrentheils zwei Röhren von verschiedenen Wassern erhalten, damit, wenn der Zufall das eine oder das andere in Stocken versetzte, durch den Zufluss des andern der Gebrauch der Becken unterhalten würde.

88. Diese Sorgfalt des mildesten Kaisers Nerva, ihres Fürsten, fühlt von Tag zu Tag die Königin und Beherrscherin der Welt; und mehr noch wird es fühlen die Gesundheit derselbigen ewigen Stadt, nach Vermehrung der Zahl der Schlösser, der Wasserhäuser, Künste

und Hecken. Nicht geringerer Vortheil aber fliesst in Folge der Vermehrung seiner Bewilligungen den Privaten zu: diejenigen auch, welche furchtsam unerlaubtes Wasser ableiteten, geniessen jetzt seit den Bewilligungen ihr Wasser furchtlos. Nicht einmal die durchrinnenden Wasser sind müssig: ganz anders sieht es jetzt aus mit der Reinlichkeit der Strassen; die Luft ist reiner; und die Ursachen der fast erstickenden Ausdünstung, wodurch bei den Alten die städtische Luft verrufen war, sind beseitigt.

Es entgeht mir nicht, dass ich meiner Schrift die Anordnung der neuen Verausgabung schuldig bin: allein da ich das dahin Gehörige schon an die Vermehrung angeschlossen habe, so muss man begreifen, dass das nicht vorgetragen werden könne, bevor es vollständig erledigt ist.

89. Wie nun, dass nicht einmal dieses dem Eifer des Fürsten, den er im höchsten Grade für seine Mitbürger beweiset, genüget, der da glaubt, er habe zu wenig zu unserer Wohlfahrt und Vergnügung beigetragen, wenn er den so grossen Wasserreichthum, den er herbeischuf, nicht auch klarer und erquicklicher machte? Es ist der Mühe werth das Einzelne durchzugehen, wodurch derselbe, indem er den Fehlern einiger Gewässer abzuhelfen suchte, die Nutzbarkeit sämmtlicher erhöhete. Denn wann hat einmal unsere Stadt, beim Eintreten auch nur unbedeutender Regengüsse, nicht trübes und lehmiges Wasser gehabt? Und zwar nicht weil sämmtliche diese Eigenschaft von ihrem Ursprünge her haben, oder weil dieser Nachtheil bei allen denjenigen fühlbar seyn müsste, welche aus Quellen gefasst werden; insbesondere die Marcia und die Claudia, und die übrigen, deren Klarheit, von der Fassung an unversehrt, gar nicht oder doch nur äusserst wenig durch Regen getrübt wird, im Falle Brunnen gebaut und vorgelegt sind.

90. Die beiden Gewässer des Namens Anio bleiben minder klar; denn sie kommen ans dem Flusse und werden oft auch bei heiterem Wetter getrübt: weil der Anio, obwohl aus dem reinsten See abfliessend, dennoch dadurch, dass die weichen Ufer nachgeben, etwas mit fortnimmt, wodurch er getrübt wird, bevor er in die Gerinne eintritt: ein Nachtheil, den er nicht nur bei Regengüssen im Winter und Frühlinge, sondern auch im Sommer erleidet, in welcher Jahreszeit man eine angenehmere Klarheit der Wasser

91. verlangt. Von diesen fliesst der eine, nämlich der Alte Anio, in tieferer Lage als die meisten, und behält deshalb den Nachtheil in sich. Der Neue Anio hingegen verdarb die übrigen: denn weil er aus höchster Lage und vorzüglich reichhaltig fliesst, kommt er dem Mangel anderer zu Hülfe. Durch die Unerfahrenheit der Wasserer aber, welche ihn häufiger, als eine Aushülfe nöthig war, in fremde Hohlgerinne ableiteten, verunreinigte er auch zureichende Gewässer, besonders die Claudia, welche, viele tausend Schritte hindurch in eigenem Gerinne geführt, zu Rom erst durch ihre Mischung mit dem Anio bis auf den heutigen Tag ihre Eigenthümlichkeit einbüsste. Und weit entfernt, die nebeneinkommenden Wasser unschädlich zu machen, wurde vielmehr eine ganze Menge derselben herangezogen durch den Unverstand solcher, welche die Gewässer wider Gebühr vertheilten; so dass wir sogar gefunden haben, dass die Marcia, durch ihre Klarheit und Kälte im höchsten Grade reizend, Badeanstalten und Walkern und ich

92. mag nicht sagen welchen schmutzigen Verrichtungen diente. Es wurde daher beschlossen sie sämmtlich zu trennen, dann so zu ordnen, dass besonders die Marcia ganz zum Trinken diente, und so weiter die übrigen jede nach ihrer Beschaffenheit zu passendem Gebrauch angewiesen würden, z. B. der Alte Anio zur Bewässerung der Gärten und zu den schmutzigeren Diensten der Stadt selbst verwendet würde, aus mehreren Gründen; denn je entfernter von der Quelle sein Wasser geschöpft wird, desto unheilsamer

93. ist es. Nicht aber genügte es unserm Fürsten, der übrigen Gewässer Fülle und Reiz wiederhergestellt zu haben: er hat die Möglichkeit erkannt, auch die Mängel des Neuen Anio zu beseitigen. Er hat nämlich den Befehl gegeben, den Fluss aufzugeben, und ihn aus dem über dem Sublacensischen Landsitze des Nero belegenen See, da wo er am klarsten ist, herzuleiten. Denn da der Anio oberhalb Treba Augusta entspringt, so gelangt er, sey es nun weil er zwischen felsigen Bergen herabfliesst und um die Stadt selbst herum wenig bebautes Land liegt, oder weil er durch die Tiefe der Seen, in die er aufgenommen wird, gleichsam sich der Hefen entschlägt, theils auch durch die kühlende Beschattung des über ihm hängenden Waldgesträuches, höchst kalt und zugleich äusserst klar in jenen See. Diese so glückliche Eigenthümlichkeit des Wassers, welches in allen Gaben der Marcia gleichkommen, an Fülle aber diesel-

be übertreffen wird, wird an die Stelle jenes garstigen. und trüben Wassers treten, und die Inschrift wird als neuen Gründer ausstellen den Imperator Caesar Nerva Trajanus Augustus.

94. Weiter haben wir anzugeben, was Rechtens sey in Betreff der Leitung und Unterhaltung des Wassers: jenes ist zu verstehen von der Beschränkung der Privaten auf das Maass der erlangten Bewilligung, dieses von der Erhaltung der Leitungen selbst. Indem ich hierin die über das Einzelne gegebenen Gesetze tiefer aus dem Alterthum heraufholte, habe ich bei den Alten einiges anders gehalten gefunden. Bei ihnen wurde alles Wasser zu öffentlichem Gebrauche verwendet, und bestand die Verordnung: Kein Privatmann soll anderes Wasser leiten, als welches aus dem Becken auf die Erde fällt (das nämlich sind die Worte jenes Gesetzes): Das heisst was aus dem Becken überströmt : wir nennen es Ueberlauf. Und selbst dieses wurde zu keinem andern Gebrauche bewilligt, als der Badeanstalten und Walkmühlen; und es war steuerpflichtig, indem eine Vergütung festgesetzt war, die in die Staatskasse bezahlt wurde : einiges wurde auch in Häuser der Vornehmsten der Stadt zugestanden, im Falle die übrigen einwilligten.

95. Welcher Behörde aber das Recht Wasser zu bewilligen oder zu verkaufen zugestanden habe, wird in eben jenen Gesetzen verschieden angegeben : denn zu Zeiten finde ich es von Aedilen, zu Zeiten von Censoren überlassen; jedoch erhellet, dass, so oft Censoren im Staate waren, es von ihnen hauptsächlich erbeten worden, widrigenfalls Aedilen diese Vollmacht gehabt haben. Hieraus ist ersichtlich, in welch höherem Maasse sich unsere Vorältern die Sorge für allgemeinen Nutzen als für Privatannehmlichkeiten angelegen seyn liessen, indem selbst dasjenige Wasser, welches Privatleute leiteten, dem Staate Vortheil brachte.

96. Die Erhaltung der einzelnen Gewässer aber pflegte, wie ich finde, verdungen und den Unternehmern die Verbindlichkeit auferlegt zu werden, eine bestimmte Anzahl von Werkleuten bei den Leitungen ausserhalb der Stadt, eine bestimmte in der Stadt zu halten, und zwar so, dass sie auch die Namen deren, welche sie für jedes Stadtviertel in Dienst zu halten beabsichtigten, in die öffentlichen Tafeln eintrügen; und das Geschäft der Prüfung ihrer Arbeiten hatten zu Zeiten die Censoren und Aedilen, zu Zeiten fiel dieses Amt auch den Quaestoren anheim, wie aus dem Senatsbeschlusse erhellet, welcher unter der Censur des C. Licinius Caesulla und des Q. Fabius gegeben worden ist.

97. Wie sehr man aber besorgt gewesen, dass nicht Jemand Leitungen zu verletzen oder nicht bewilligtes Wasser abzuleiten wage, kann, wie aus vielem, so daraus ersehen werden, dass der Circus Maximus nicht einmal in den Tagen der Circensischen Spiele anders als mit Erlaubniss der Aedilen oder Censoren bewässert wurde: was, wie wir bei Attejus Capito lesen, noch bestanden hat, auch nachdem unter Augustus die Wasseraufsicht an Curatoren übergegangen war. Felder aber, von denen nachgewiesen werden konnte, dass sie gegen das Gesetz mit öffentlichem Wasser bewässert worden waren, fielen dem Staate zu. Dem Pächter auch wurde, wenn überhaupt ein Sklave desselben etwas gegen das Gesetz gethan hatte, eine Geldbusse auferlegt. In denselbigen Gesetzen steht so hinzugefügt: Niemand soll das Wasser der öffentlichen Röhrbrunnen löslich verunreinigen. Wenn Jemand es verunreinigt, soll die Geldbusse 10,000 Sestertien seyn. Deshalb wurde den Curulischen Aedilen befohlen, für jeden einzelnen Strassenbezirk aus der Zahl deren, die darin wohnten oder Grundstücke hätten, zwei Männer

anzusetzen, unter deren Ausspruche die öffentlichen Röhrbrunnen stehen sollten.

98. Zuerst ist M. Agrippa nach der Aedilität, die er nach seinem Consulate bekleidete, über seine Wasserhäuser und Künste gleichsam beständiger Curator gewesen, und hat schon nach der dermaligen Wassermenge abgetheilt, wieviel Wasser an die Wasserhäuser , wieviel an die Becken, wieviel den Privaten gegeben werden sollte. Er hielt auch eine eigene Dienerschaft zur Unterhaltung der Wasserleitungen und Schlösser und Becken. Diese hat Augustus, welchem jener sie als Erbschaft hinterlassen, dem Staat als Eigenthum übermacht.

99. Nach ihm sind, unter dem Consulate des Q. Aelius Tubero und Paulus Fabius Maximus, in einer Sache, welche bis auf jene Zeit, wie aus eigener Machtvollkommenheit gehandhabt, einer bestimmten Rechtsnorm ermangelt hatte, Senatsbeschlüsse abgefasst und ein Gesetz vorgeschlagen worden. Augustus auch hat durch ein Edict den Umfang der Rechte derjenigen bestimmt, welche nach Agrippa's Denkschriften im Genusse von Wasser wären, und die ganze Sache auf seine eigenen Bewilligungen übertragen. Auch die Gemässe, von denen geredet, worden ist, hat er festgesetzt, und zur Aufrechthaltung und Betreibung der Sache den Messala Corvinus zum Curator gemacht und diesem den Postumius Sulpicius Praetorius und den L. Cominius Pedarius zu Gehülfen gegeben: es sind ihnen, als obrigkeitlichen Personen, äussere Abzeichen ihres Amtes ertheilt, und über ihren Dienst ein Senatsbeschluss abgefasst worden, welcher hier folgt.

100. Den Vortrag der Consuln Q. Aelius Tubero und Paulus Fabius Maximus, die Bestallung der auf Uebereinkunft des Senates vom Cäsar Augustus ernannten Wassercuratoren anbelangend, so hat man, was rücksichtlich dessen geschehen soll, darüber folgendermassen erkannt. Es beliebe diesem Stande, dass die Vorsteher der öffentlichen Gewässer, wenn sie dieses Geschäftes wegen ausserhalb der Stadt wären, jeder zwei Lictoren und drei öffentliche Knechte, einen Baumeister und einen Schreiber und einen Abschreiber, Hülfsdiener und Ausrufer soviel halten sollen, als diejenigen halten, welche das Getreide unter das Volk vertheilen; wenn sie aber innerhalb der Stadt desselbigen Geschäftes wegen etwas zu

thun hätten, sich, mit Ausnahme der Lictoren, derselbigen übrigen Aufwartenden bedienen sollen. Und dass die Wassercuratoren die Aufwartenden, deren sie sich diesem Senatsbeschlusse gemäss bedienen dürften, in den 10 nächsten Tagen nach der Abfassung des Senatsbeschlusses auf den Schatz anweisen; und den so Angewiesenen die Prätoren des Schatzes als Lohn jährlich soviel Speisegelder geben und auszahlen sollen, als die Präfecte der Getreidevertheilung zu geben und auszuzahlen pflegen; und sie diese Gelder ohne Gefahr zahlen dürften. Und dass die Consuln Q. Aelius Tubero und Paulus Fabius Maximus, beide oder einer von ihnen, nach Gutdünken unter Zuziehung der Prätoren des Schatzes, die Lieferung der Tafeln, des Papiers und der sonstigen Bedürfnisse, die den Curatoren zum Behufe ihres Amtes nothwendig geliefert werden müssten, verdingen sollen.

101. Ebenfalls, dass die Wassercuratoren, da sie, bei Uebernahme auch der Wege- und Getreideaufsicht, ein Viertheil des Jahres dem Staatsdienst oblägen, von Privat- und Staatsgerichten frei seyn sollen. – Obgleich der Schatz bisher fortfährt an die Aufwartenden und Diener an zahlen, so haben dieselben jedoch durch die Trägheit und Fahrlässigkeit der Curatoren, die ihrer Pflicht nicht nachkamen, dem Scheine nach zu bestehen aufgehört. Waren sie aber aus der Stadt gegangen lediglich zur Betreibung ihres Geschäftes, so müssten auf Befehl des Senates ihnen ihre Lictoren zur Seite seyn. Mir wird bei meiner Untersuchung der Gerinne meine Zuverlässigkeit und das mir vom Fürsten gegebene Ansehen die Stelle der Lictoren vertreten.

102. Da wir die Sache bis zum Auftreten der Curatoren durchgeführt haben, ist es nicht am unrechten Orte, diejenigen, welche nach dem Messala diesem Amte bis auf uns vorgestanden haben, hier folgen zu lassen. Dem Messala folgte, unter dem Consulate des Plancus und Silius, Atteius Capito; dem Capito, unter dem Consulate des C. Asinius Pollio und C. Antistius Vetus, Tarius Rufus; dem Tarius, unter dem Consulate des Servius Cornelius Cethegus und L. Visellius Varro, M. Cocceius Nerva, des Divus Nerva Grossvater, welcher auch als Rechtsgelehrter berühmt ist; diesem folgte, unter dem Consulate des Fabius Persicus und L. Vitellius, C. Octavius Laenas; dem Laenas, unter dem Consulate des Aquilius Julianus und Nonius Asprenas, M. Porcius Cato; diesem folgte ein Jahr dar-

nach, unter dem Consulate des Sextus Junius Celer und Nonius Quintilianus, A. Didius Gallus; dem Gallus, unter dem Consulate des Q. Veranius und Pompejus Longus, Cn. Domitius Afer; dem Afer, unter dem vierten Consulate des Nero Claudius Caesar und dem des Cossus des Sohnes des Cossus, L. Piso; dem Piso, unter dem Consulate des Verginius Rufue und Memmius Regulus, Petronius Turpilianus; dem Turpilianus. unter dem Consulate des Crassus Frugi und Lecanius Bassus, P. Marius; dem Marius, unter dem Consulate des L. Telesinus und Suetonius Paullinus, Fonteius Agrippa; dem Agrippa, unter dem Consulate des Silius und Galerius Trachalus, Albius Crispus; dem Crispus, unter dem dritten Consulate des Vespasianus und dem des Cocceius Nerva, Pompeius Silvanus; dem Silvanus, unter dem Consulate des Valerius Messalinus, T. Ampius Flavianus; dem Flavianus, unter dem fünften Consulate des Vespasianus und dem dritten des Titus, Acilius Aviola; nach welchem, unter dem dritten Consulate des Imperator Nerva und dem dritten des Verginius Rufus, das Amt uns übertragen worden ist.

103. Jetzt will ich folgen lassen, was der Wassercurator beobachten muss, und die Gesetze und Senatsbeschlüsse, die zu seiner Unterweisung dienen. In Betreff des Rechtes Wasser abzuleiten unter den Privaten, ist zu beobachten, dass Niemand ohne ein Schreiben des Caesar, das heisst dass Niemand öffentliches Wasser ohne Bewilligung, und dass Niemand mehr, als ihm bewilligt worden ist, ableite. Dadurch nämlich werden wir es möglich machen, dass die Wassermenge, von deren Erwerbung wir geredet haben, zu neuen Röhrbrunnen und zu neuen Bewilligungen des Fürsten verwendet werden könne. In beiden Punkten aber ist grosser Diensteifer dem vielfachen Betruge entgegenzusetzen. Sorgfältig müssen oft nacheinander die Leitungen ausserhalb der Stadt untersucht werden, um die Bewilligungen zu prüfen : dasselbige muss bei den Wasserschlössern und Röhrbrunnen geschehen, damit das Wasser ohne Unterbrechung Tag und Nacht hindurch fliesse; eine Sache, die dem Curator auch durch einen Senatsbeschluss befohlen wird, welcher wörtlich also lautet.

104. Den Vortrag der Consuln Q. Aelius Tubero und Paulus Fabius Maximus, die Zahl der öffentlichen Röhrbrunnen, welche in der Stadt und innerhalb der mit der Stadt verbundenen Gebäuden wä-

ren und welche M. Agrippa angelegt hätte, anbelangend, so hat man, was rücksichtlich dessen geschehen soll, so erkannt. Es beliebe, dass die Zahl der öffentlichen Röhrbrunnen, die gegenwärtig nach dem Berichte derjenigen, welchen vom Senate befohlen worden ist, die öffentlichen Gewässer zu untersuchen und eine Aufzählung der öffentlichen Röhrbrunnen vorzunehmen, vorhanden wäre, weder vermehrt noch vermindert werden sollte. Gleichfalls beliebe es, dass die Wassercuratoren, welche Caesar Augustus nach dem Antrage des Senates ernannt hat, Sorge tragen sollten, dass die öffentlichen Röhrbrunnen möglichst anhaltend Tag und Nacht zum Gebrauche des Volks Wasser gäben. – In diesem Senatsbeschluss sollte mir das Verbot des Senates, die Zahl der öffentlichen Röhrbrunnen weder zu vermehren noch zu vermindern, bemerkenswerth dünken. Ich halte dafür, dass dieses geschehen ist, weil das Maass der Gewässer, welche damals in die Stadt kamen, ehe die Claudia und der Neue Anio hingeleitet wurden, keine grössere Verausgabung zu erlauben schien.

105. Wer Wasser zum Privatgebrauch abzuleiten wünscht, muss um Bewilligung nachsuchen und dem Curator ein Schreiben vom Fürsten bringen; der Curator muss sodann der Bewilligung des Caesar schleunige Vollführung leisten und sogleich einen Freigelassenen des Caesar zu seinem Procurator bestellen. Einen Procurator aber scheint zuerst Ti. Claudius eingesetzt zu haben, nach der Herleitung des Neuen Anio und der Claudia. Mit dem Inhalte des Schreibens müssen sich auch die Verwalter bekannt machen, damit sie nicht gegen den Vorwurf begangener Nachlässigkeit oder Betruges sich je durch den Vorwand der Unwissenheit schützen können. Der Procurator muss daran denken, dass der Kelch des bewilligten Gemässes unter Zuziehung der Wäger gestempelt werde, genau auf das Maass der Eichungen, wovon wir oben geredet, Acht haben und Kenntniss von denselben haben: damit es nicht der Willkühr der Wäger überlassen sey, nach persönlicher Gunst einen Kelch bald von grösserem bald von kleinerem Lichten gutzuheissen. Aber es werde auch nicht der freien Willkühr überlassen, sogleich vom Kelche ab eine jede beliebige bleierne Röhre anzufügen; sondern es werde eine angefügt von demselben Lichten, auf welches der Kelch gestempelt worden, in einer Entfernung von 50 Fuss, wie durch den Senatsbeschluss, der hier unten folgt, verfügt ist.

106. Den Vortrag der Consuln, Aelius Tubero und Paulus Fabius Maximus, dass einige Privatleute aus öffentlichen Gerinnen Wasser ableiteten, anbelangend, so hat man, was rücksichtlich dessen geschehen soll, darüber folgendermassen erkannt. Es soll keinem Privatmanne erlaubt seyn aus öffentlichen Gerinnen Wasser abzuteilen: und alle diejenigen, welchen das Recht der Wasserableitung ertheilt wäre, sollten es aus den Schlössern ableiten, und die Wassercuratoren Acht darauf haben, an welchen Orten innerhalb und ausserhalb der Stadt Privatleute passend Schlösser anlegen könnten, auf dass sie aus ihnen das Wasser leiteten, welches gemeinschaftlich aus dem Schlosse abzuleiten ihnen die Wassercuratoren angewiesen hätten, und keinem von denjenigen, welchen öffentliches Wasser bewilligt würde, sollte das Recht zugestehen, innerhalb des Raumes von 50 Fuss von dem Schloss ab, aus welchem man Wasser ableiten wollte, eine weitere Röhre anzufügen, als eine Fünfer. – In diesem Senatsbeschluss ist bemerkenswerth, dass er nur aus dem Schlosse

Wasser abzuleiten erlaubt, damit nicht die Gerinne oder die öffentlichen Röhren häufig verletzt würden.

107. Das Recht auf bewilligtes Wasser geht weder auf den Erben noch auf den Käufer noch auf irgend einen neuen Eigenthümer der Grundstücke über. Den öffentlichen Badeanstalten wurde von alten Zeiten her das Vorrecht zugestanden, dass das einmal bewilligte Wasser auf ewige Zeiten bliebe. So erkennen wir aus allen Senatsbeschlüssen, von welchen ich einen hier unten folgen lasse. Jetzt wird die Bewilligung jedes Wassers mit dem Besitzer erneuert.

108. Den Vortrag der Consuln Q. Aelius Tubero und Paulus Fabius Maximus, es müsste festgesetzt werden, mit welchem Rechte ausserhalb und innerhalb der Stadt diejenigen Wasser ableiten dürften, welchen solches angewiesen worden wäre, anbelangend, so hat man, was rücksichtlich dessen geschehen soll darüber folgendermassen erkannt. Es sollte jenen die Anweisung von Wassern, mit Ausnahme deren, welche vom Gebrauch der Badeanstalten oder für den Augustus bewilligt worden, so lange verbleiben, als dieselbigen Eigenthümer den Boden besässen, auf welchem sie das Wasser angewiesen erhalten hätten.

109. Sobald einige Wasser frei werden, wird es gemeldet und in die Denkschriften eingetragen, welche man nachschlägt, um den Nachsuchenden von den frei gewordenen Wassern geben zu können. Diese Wasser pflegte man sogleich abzusperren, um sie in der Zwischenzeit den Besitzern der Grundstücke oder auch andern zu verkaufen. Menschenfreundlicher aber schien es unserm Fürsten, damit die Grundstücke nicht plötzlich vom Wasser entblösst würden, eine dreissigtägige Frist zu gestatten, innerhalb welcher die betreffenden Beamten das Wasser vertheilen sollten. Ueber das an Grundstücke von Genossen bewilligte Wasser finde ich nichts festgesetzt : es ist jedoch hieher zu beziehen die Beobachtung und rechtliche Vorschrift, dass, so lange Jemand von denen, welche gemeinschaftlich eine Bewilligung erhalten haben, am Leben wäre, das volle den Grundstücken angewiesene Wassermaass fliessen, und dann erst die Bewilligung erneuert werden sollte, wann ein jeder von denen, welchen die Bewilligung ertheilt worden, im Besitze der Bewilligung zu seyn aufgehört hätte. Dass bewilligtes Wasser irgendwo anders hin, als auf die Grundstücke, für welche es

bewilligt worden, oder aus einem andern Schlosse, als aus dem im Schreiben des Fürsten befohlenen, nicht geleitet werden dürfe, liegt am Tage, wird aber auch durch Verordnungen untersagt.

110. Man erhält aber auch diejenigen Wasser bewilligt, welche Ueberlauf genannt werden, nämlich entweder aus den Wasserschlössern oder durch die Durchrinnungen der Röhren. Eine Bewilligung, die von den Fürsten höchst sparsam ertheilt zu werden pflegt. Aber sie ist den Unterschleifen der Wasserer unterworfen. Welch grosse Sorgfalt um diese zu verhindern nöthig ist, wird aus dem hierunten folgenden Anfang der Verordnungen ersichtlich.

111. Ueberlauf will ich dass Niemand leite, ausser welche durch meine oder der frühern Fürsten Bewilligung die Erlaubniss dazu haben. Denn, dass aus den Schlössern einiges Wasser ausfliesse, ist erforderlich, sowohl zur Gesundheit unserer Stadt, als auch zum Gebrauch bei dem Reinigen der Cloaken.

112. Nach Auseinandersetzung des die Regulirung der Gewässer für den Privatgebrauch Betreffenden, ist es nicht unzweckmässig, einiges von demjenigen, wodurch wir die Umgehung der heilsamsten Bestimmungen auf der That selbst ertappt haben, beispielsweise zu berühren. In einer grossen Zahl von Schlössern habe ich einige Kelche angebracht gefunden von grösserer Weite, als bewilligt worden war, und darunter einige, die nicht einmal gestempelt waren. So oft aber ein gestempelter Kelch das gesetzliche Eichmass überschreitet, kommen die Umschleife des Procurator, der ihn gestempelt hat, an Tag: ist er aber nicht einmal gestempelt, so trifft die Schuld alle, besonders den Empfänger, sodann den Verwalter. In einigen Schlössern, wo zwar Kelche von gesetzlichem Eichmass gestempelt waren, fanden sich unmittelbar Röhren von weiterem Gemässe angefügt: was zur Folge . gehabt hatte, dass das Wasser nicht den gesetzlichen Raum hindurch zusammengehalten, sondern in dem kurzen beschränkten Räume herausgedrückt, leicht die nächste weitere Röhre anfüllte. Daher ist überdiess, so oft ein Kelch gestempelt wird, auch die Vorsicht noch zu gebrauchen, dass auch die nächsten Röhren in dem im Senatsbeschluss bezeichneten Raume gestempelt werden. Denn so erst ist dem Verwalter, wenn er weiss, dass die Röhren nicht anders, als nachdem sie gestempelt

worden, angebracht werden dürfen, jede Entschuldigung genommen.

113. Auch bei der Anbringung der Kelche ist zu beobachten, dass sie nach der Linie geordnet worden, und nicht der Kelch des einen mehr nach unten, der eines andern mehr nach oben gestellt werde. Der niedrigere verschlingt mehr; der höhere saugt weniger, weil der Lauf des Wassers von dem niederen angezogen wird. An den Röhren einiger waren gar keine Kelche angebracht. Solche Röhren heissen ungebundene, und werden nach des Wasserers Belieben erweitert oder verengt.

114. Ausserdem ist folgender Betrug der Wasserer unerträglich: geht ein Wasser auf einen neuen Besitzer über, so legen sie im Schloss ein neues Loch an; das alte lassen sie bestehen und ziehen daraus verkäufliches Wasser. Ganz besonders also muss, glaube ich, der Curator darauf bedacht seyn, auch dieses abzustellen; denn das erheischt nicht nur die Bewahrung des Wassers selbst, sondern auch die Erhaltung des Schlosses, welches, wenn man es häufig und ohne Ursache durchlöchert, schadhaft wird.

115. Auch jener Erwerb der Wasserer ist abzuschaffen, den man Stiche nennt. Weithin und in allen Richtungen laufen die Röhren durch die ganze Stadt unter dem Steinpflaster fort. Wie ich erfahre, haben diese, von dem sogenannten Stecher hin und wieder angebohrt, allen Handlungen, an denen sie vorbeigehen, in besondern Röhren Wasser geliefert: woher es kam, dass ein geringes Wassermass zum öffentlichen Gebrauche gelangte. Wie viel Wasser in Folge der Beseitigung dieses Uebels wiedergewonnen sey, ermesse ich aus dem Umstande, dass durch die Aufhebung von dergleichen Rohr-Verzweigungen eine bedeutende Menge Blei zusammengebracht worden ist.

116. Es ist noch übrig die Erhaltung der Leitungen; bevor ich jedoch darüber zu reden anfange, muss ein Kurzes über die deshalb angestellte Dienerschaft auseinandergesetzt werden. Dienerschaften gibt es zwei, eine für den Staat, die andere für den Caesar. Die Staats-Dienerschaft ist die ältere; welche, wie wir erwähnt haben, vom Agrippa dem Augustus hinterlassen und von diesem dem Staate übergeben worden ist; sie zählt ungefähr 240 Mann. Die Zahl

der Dienerschaft des Caesar beläuft sich auf 460, und Claudius hat sie errichtet, als er die Gewässer in die Stadt leitete.

117. Beide Dienerschaften aber werden in einige Klassen von Dienern getheilt, in Verwalter, Schlosswärter, Aufseher, Pflasterer, Decker und andere Werkleute. Von diesen müssen einige ausserhalb der Stadt gegenwärtig seyn bei Dingen, die zwar keinen grossen Kraftaufwand erfordern, wohl aber zeitige Hülfe zu erheischen scheinen. Sämmtliche innerhalb der Stadt auf ihren Standpunkten an den Schlössern und Künsten müssen alle Arbeiten zu fordern bemühet seyn, besonders für plötzliche unvorhergesehene Vorfälle, damit aus mehreren Stadtvierteln demjenigen, welches von der Notwendigkeit bedrängt würde, ein reichlicherer Wasservorrath zugewendet werden könne. Die so umfassende Anzahl beider Dienerschaften, welche durch Umschleife oder Nachlässigkeiten der Vorgesetzten hin und wieder zu Privat-Werken abgezogen wurden, haben wir auf diese Weise zu einiger Zucht und zum Staatsdienste zurückzuführen beschlossen, dass wir Tags zuvor jeder vorschreiben, was sie zu thun habe, und was sie an jedem Tage gethan, in den Acten verzeichnet würde.

118. Die Besoldung wird der Staats-Dienerschaft aus der Staatskasse gezahlt: Unkosten, die der Kasse erleichtert werden durch die Einnahme von zum Wasserrechte gehörigen Pachtgeldern, die bezogen werden aus Gärten oder Gebäulichkeiten, welche um die Leitungen oder Schlösser oder Künste oder Becken liegen. Dieses Einkommen von beinahe 250,000 Sestertien, entfremdet und schwankend, ist in den letzten Zeiten der Chatoulle des Domitianus zugewendet worden, aber die Gerechtigkeit des Divus Nerva hat es dem Volke wiedergegeben, unser Fleiss hat es auf eine bestimmte Norm gebracht, damit es feststände, welches die zu diesem Gefälle gehörigen Orte wären. Die Dienerschaft des Caesar empfängt ihre Besoldung aus dem Fiscus; aus welchem auch alles Blei und alle Auslagen für die Leitungen und Schlösser und Becken bestritten werden.

119. Nachdem wir das die Dienerschaft Betreffende auseinandergesetzt haben, wollen wir, unserm Versprechen gemäss, zur Erhaltung der Leitungen übergehen, einer Sache, die vorzugsweise einer angelegenen Fürsorge werth ist, da sie von der Grösse des Römi-

schen Reiches das vorzüglichste Zeugnis abgibt. Viele und weitläuftige Bauarbeiten erwachsen fortwährend, denen man zuvorkommen muss, ehe sie grosser Mittel bedürfen. In der Regel jedoch sind sie mit umsichtiger Mässigung hinzuhalten; weil denjenigen, welche einen Bau zu machen oder zu erweitern antragen, nicht immer zu trauen ist. Daher muss der Curator nicht nur durch die Kenntnisse von Sachkundigen sich unterrichten lassen, sondern auch mit eigener practischen Erfahrung ausgerüstet seyn, und sich nicht bloss der Baumeister seines Postens bedienen, sondern die Zuverlässigkeit und gründliche Kenntniss mehrerer zu Hülfe nehmen, um zu erwägen, was augenblicklich auszuführen, was aufzuschieben, und wiederum was durch öffentliche Unternehmer, was durch Privat-Handwerker bewerkstelligt werden müsse.

120. Bauarbeiten entstehen aus folgenden Ursachen; entweder verdirbt etwas durch das Alter, oder durch den Eigennutz der Grundbesitzer, oder durch die Schuld schlecht veranstalteten Baues , was bei den neuern Bauten öfters vorkommt.

121. In der Regel leiden durch Alter und Einwirkung der Witterung die Theile der Leitungen, welche von Bogenwerk getragen werden oder an den Abhängen der Berge angebracht sind, und von dem Bogenwerk das, was über einen Fluss geführt wird. Und deshalb sind diese Arbeiten mit sorgfältiger Eile zu vollführen. Weniger unterliegt einer Beschädigung das Unterirdische, welches weder dem Frost noch der Hitze ausgesetzt ist. Die Schäden aber sind von der Art, dass man ihnen entweder ohne Unterbrechung des Wasserlaufes beikommnen kann, oder dass sie ohne Ablenkung desselben nicht ausgebessert werden können, wie diejenigen, welche in der Bettung selbst unvermeidlich sind.

122. Diese entstehen aus doppelter Ursache: entweder nämlich wird durch Anhäufung des Schlammes, welcher zuweilen zu einer Kruste erhärtet, die Wasserbahn verengt; oder es wird das Deckwerk zerstört, woher Durchrinnungen geschehen, durch welche die Seitenwände der Gerinne und die Untermauerungen nothwendig beschädigt werden. Auch die Pfeiler selbst, die aus Tofstein aufgeführt sind, weichen unter der so grossen Last. Die Wiederherstellung der Schäden in den Bettungen der Gerinne darf nicht im Sommer stattfinden, damit die Benutzung der Gerinne nicht zu einer

Zeit unterbrochen werde, in welcher das Bedürfniss am grössten Ist; sondern im Frühjahr oder Herbst, und zwar mit der grössten Beschleunigung, damit, nachdem nämlich vorhin alle Vorbereitungen zur Beschleunigung getroffen worden, die Gerinne möglichst wenige Tage ausbleiben. Niemanden entgehet, dass auf diese Weise bei jeder Leitung einzeln vor und nach zu verfahren sey, damit es nicht, wenn mehrere zu gleicher Zeit abgekehrt würden, der Bürgerschaft an Wasser fehle.

123. Die ohne Unterbrechung des Wasserlaufes auszuführenden Arbeiten bestehen besonders aus Mauerwerk, welches sowohl zur rechten Zeit als auch gewissenhaft auszuführen ist. Die passende Zeit für Mauerwerk ist von den Kalenden des April bis zu den Kalenden des November: so dass es am Rathsamsten ist, denjenigen Theil des Sommers, welcher in allzugrosser Hitze erglühet, unbenutzt zu lassen; weil eine gemässigte Witterung nothwendig ist, damit das Mauerwerk die flüssigen Theile mit Bequemlichkeit einsauge und in Einheit erstarke. Nicht minder jedoch, als die Sonnenhitze, wirkt zu heftiger Frost frühzeitig vernichtend auf den Stoff: kein Bau aber fordert grössere Sorgfalt, als welcher dem Wasser trotzen soll. Mithin ist Gewissenhaftigkeit in demselben durch alle einzelnen Theile hindurch, dem Gesetze gemäss, welches allen bekannt ist, von wenigen aber beobachtet wird, ein Haupterforderniss.

124. Daran zweifelt meines Bedünkens wohl Niemand, dass auf die nächsten Leitungen, nämlich die vom 7ten Meilenstein an aus Quadersteinen bestehen, ganz besonders ein wachsames Auge gehalten werden müsse, weil sie einerseits vom grössten Umfange sind und andererseits jede einzelne mehrere Gewässer trägt. Denn sollte es einmal nothwendig werden, diese zu unterbrechen, so werden sie den grössern Theil des Stadtwassers hinwegnehmen. Jedoch gibt es auch für diese Schwierigkeiten Hülfsmittel : eine Grundlage nämlich wird aufgeführt bis zur Wage der fehlenden Bettung: diese aber mittelst bleierner Archen durch den Raum der unterbrochenen Leitung wieder fortgesetzt. Da ferner fast alle Hohlgerinne durch Felder von Privaten geführt waren, und die Beischaffung der künftigen Baubedürfnisse schwierig schien, wenn nicht auch irgend eine Rechtsbestimmung zu Hülfe käme, zugleich damit nicht die Bau-Unternehmer vom Zutritt zu den wiederherzu-

stellenden Gerinnen von Seiten der Grundbesitzer gehindert würden, so ist ein Senatsbeschluss gegeben wurden, den ich hier folgen
lasse.

125. Den Vortrag der Consuln Q. Aelius Tubero und Paulus Fabius Maximus, die Wiederherstellung der Gerinne, Hohlgänge und Wölbungen der Julia, Marcia, Appia, Tepula und des Anio anbelangend, so hat man, was rücksichtlich dessen geschehen soll, darüber folgendermassen erkannt. Dass, wenn die Gerinne, Hohlgänge und Wölbungen, welche Augustus Caesar auf seine Kosten wiederherzustellen dem Senate versprochen hat, wiederhergestellt würden, alsdann aus den Ländereien der Privaten Erde, Lehm, Steine, Scherben, Sand, Holz und das übrige, das dazu nöthig wäre, von wo ein jedes dieser Dinge zunächst ohne Nachtheil der Privaten enthoben, entnommen, beschafft werden könne, nach Abschätzung eines Schiedmannes gegeben, enthoben, entnommen, fortgeschafft werden sollten; und dass zur Fortschaffung alles dessen und Behufs der Wiederherstellung dieser Bauwerke, so oft es nötig wäre, durch die Ländereien der Privaten ohne deren Nachtheil Fuss- und Fahrwege offenstehen und bewilligt werden sollten.

126. Meistentheils aber entstehen die Schäden durch den Eigennutz der Grundbesitzer, die auf vielfache Weise die Gerinne verletzen. Erstens nämlich besetzen sie die Räume, welche um die Wasserleitungen herum gemäss Senatsbeschluss frei bleiben müssen, entweder mit Gebäuden oder mit Bäumen. Die Bäume schaden mehr, weil durch ihre Wurzeln sowohl Eindeckungen als Seitenwände gesprengt werden. Dann richten sie gemeinschaftliche und Privat-Feldpfade gerade über die Leitungen hin. Endlich sind sie der Erhaltung der Leitungen hinderlich dadurch dass sie die Zugänge zu denselben sperren. Diesem allen ist durch den hier unten folgenden Senatsbeschluss vorgesehen.

127. Den Vortrag der Consuln Q. Aelius Tubero und Paulus Fabius Maximus, die Pfade der zur Stadt kommenden Wasser würden mit Denkmälern und Gebäude besetzt und mit Bäumen bepflanzt, anbelangend, so hat man, was rücksichtlich dessen geschehen soll, folgendermassen erkannt. Zum Behufe der Wiederherstellung der Gerinne und Hohlgänge und überhaupt dessen was durch jene Anlagen dem Gemeindewesen verdorben würde, werde festgesetzt: dass um die Quellen und Wölbungen und Mauern herum auf beiden Seiten ein Raum von 15 Fuss frei und unbesetzt bliebe; und dass um die Gerinne unter der Erde und um die Hohlgänge herum innerhalb der Stadt und ausserhalb der Stadt, das heisst innerhalb

der mit der Stadt zusammenhängenden Gebäude, auf beiden Seiten ein Raum von 6 Fuss leer gelassen werde: so dass weder ein Denkmal auf diesen Stellen noch ein. Gebäude nach dieser Zeit zu setzen, noch Bäume zu pflanzen erlaubt sei. Befänden sich gegenwärtig Bäume innerhalb dieses Raumes, so sollten sie ausgehauen werden, ausser wenn sie mit einem Landsitze zusammenhängend und mit Gebäuden eingeschlossen wären. Wer sich dagegen vergangen, sollte für jeden einzelnen dieser Punkte mit 10,000 Sestertien büssen, wovon die Hälfte dem Ankläger, durch dessen Bemühung hauptsächlich der Verletzer dieses Senatsbeschlusses überführt worden wäre, zur Belohnung gegeben, die Hälfte aber in den Schatz gebracht werden sollte. Und über diese Angelegenheit sollten richten und erkennen die Wassercuratoren.

128. Es könnte dieser Senatsbeschluss höchst billig erscheinen, selbst wenn jene Räume nur zum einseitigen Vortheil des Staates in Anspruch genommen würden; umsomehr da unsere Vorfahren bei ihrer bewundernswürdigen Billigkeit nicht einmal diejenigen den Privaten entrissen haben, welche eigentlich zum Bereiche des Staatseigenthumes gehörten, sondern, wenn bei der Herleitung eines Gewässers ein Grundbesitzer sich im Verkaufen eines Ackertheiles etwas schwierig zeigte, den ganzen Acker bezahlt und nach Abmarkung der nöthigen Stöcke den Acker wieder verkauft haben, damit jeder innerhalb seiner Gränzen, der Staat wie der Private, seine Rechte wahren könnte. Sehr viele jedoch sind nicht damit zufrieden gewesen, die Besetzung der Gränzen sich anzumessen, sondern haben sogar an die Leitungen Hand angelegt, indem sie durch die Seitenwände der verwundeten Röhre hin und wieder den Wasserlauf zu ihrem Gebrauch abkehrten, sowohl solche, denen das Recht auf Wasser bewilligt ist, als solche, welche nun jede geringste Gelegenheit einer Bewilligung missbrauchen, um sich an den Leitungen zu vergreifen. Was würde fernerhin geschehen, wenn nicht das Alles durch ein sorgfältiges Gesetz verboten und den Trotzenden eine bedeutende Strafe angedrohet würde? Folgen hierunter die Worte des Gesetzes.

129. Der Consul T. Quintus Crispinus hat rechtmässig beim Volke angetragen und das Volk rechtmässig erkannt, auf dem Forum vor den Schnäbeln des Tempels des Divus Julius, am Tage vor den Julischen Kalenden. Die Tribus Sergia stimmte zuerst. Für diese Tribus

stimmte Sex. Varro, des L. Varro Sohn. Wer nur immer nach der Beantragung dieses Gesetzes die Gerinne, Hohlgänge, Wölbungen, Röhren, Rohre, Schlösser, Becken der öffentlichen Gewässer, die zur Stadt geleitet werden, mit Wissen böslich durchlöchert, durchbricht, durchlöchern oder durchbrechen lässt, oder verschlimmert, so dass diese Gewässer oder jedes derselben minder gut in die Stadt Rom laufen, fallen, fliessen, gelangen, geleitet werden können, oder dass in der Stadt Rom und innerhalb der jetzt und in Zukunft mit der Stadt zusammenhängenden Gebäude das Wasser in denjenigen Gärten, Grundstücken, Plätzen, welcher Gärten, Grundstücke, Plätze Eigenthümern oder Besitzern solches gegeben oder angewiesen worden ist oder seyn wird, minder gut springe, ausgetheilt, vertheilt werde und in Schlösser und Becken einfliesset der soll dem Römischen Volke 100,000 Sestertien zu zahlen verurtheilt seyn. Und wer heimlich etwas dergleichen auf die Weise thut, der soll verurtheilt seyn, dieses Alles zu flicken, auszubessern, wiederherzustellen, aufzubauen, hinzusetzen und schnell niederzureissen, ohne Trug und alles so, dass derjenige, welcher Wassercurator ist oder seyn wird, oder in Falle kein Wassercurator da seyn wird, derjenige Prätor, welcher zwischen Bürgern und Fremden Recht spricht, durch Geldbusse und Unterpfänder zwinge und strafe, und jenem Curator, oder im Falle kein Curator da seyn wird, jenem Prätor desfalls das Recht und die Vollmacht zustehe, zu zwingen, zu strafen, Geldbusse zu erkennen oder Pfand zu nehmen. Wenn etwas dergleichen ein Knecht tut, so soll dessen Herr dem Volke 100,000 Sestertien zahlen. Wenn um die Gerinne, Hohlgänge, Wölbungen, Röhren, Rohre, Schlösser, Becken der öffentlichen Gewässer, die zur Stadt geleitet werden und werden geleitet werden, eine Absteckung des freien Raumes durch Gränzzeichen sieht, so soll an diesem Orte nach Beantragung dieses Gesetzes weder Jemand etwas entgegenstellen, aufwerfen, verzäunen, anheften, aufsetzen, anlegen, aufstellen, ackern, säen, noch etwas in denselben hineinbringen, ausser um solches zu thun und wiederherzustellen, was nach diesem Gesetze geschehen darf und muss. Wer gegen diese Punkte fehlt, gegen den soll in allen Punkten und jeder betreffenden Person gleiches Gesetz, Recht und Klage, geltend seyn, als, wie geltend wären und geltend seyn müssten, wenn dieser gegen dieses Gesetz ein Gerinne oder einen Hohlgang durchbrochen oder durchlöchert hätte. Damit nicht Strauchwerk an diesem Orte das Grasweiden und Heumähen verhindern, so sollen durch die Wassercuratoren, die es jetzt sind und die es seyn werden, um die Quellen und Wölbungen und Mauern und Gerinne und Hohlgänge die innerhalb der Absteckung des freien Raumes befindlichen Bäume, Weinreben, Dornen, Gesträuch, Ufer, Gemäuer, Weiden und Rohrgebüsch fortgeschafft, ausgehauen, ausgegraben, ausgerottet, und wie sie es sonst für gut finden, entfernt werden: und soll ihnen desfalls Pfandfahung, Erkennung von Geldbusse und Zwangsmassregeln ohne ihre Gefahr erlaubt seyn; und ein solches Verfahren zu gebrauchen ihnen das Recht und die Vollmacht zustehen. Dass nicht Weinreben, Bäume, welche in Landsitzen, Gebäuden oder Gemäuer eingeschossen sind, und Gemäuer, welche niederzureissen oder nicht niederzureissen die Wassercuratoren den Eigentümern freigestellt haben, und auf welchen die Namen eben der freistellenden Curatoren eingeschrieben und eingegraben ständen, bleiben sollen, davon sey in diesem Gesetze keineswegs ein Antrag. Dass nicht aus jenen Quellen, Gerinnen, Hohlgängen, Wölbungen Wasser zu nehmen und zu schöpfen denjenigen, welchen die Wassercuratoren es gestattet haben, ausser mittelst Rad, Kelch und, Maschine, erlaubt sey, wenn nur nicht weder ein Brunnen noch ein neues Loch gemacht würde, davon sey in diesem Gesetze keineswegs ein Antrag.

130. Die Uebertreter eines so heilsamen Gesetzes möchte ich der angedrohten Strafe nicht unwerth nennen. Allein diejenigen welche, weil die Hintansetzung des Gesetzes durch die Länge der Zeit zur andern Natur geworden war, in der Verblendung lebten, mussten auf eine sanfte Weise auf den rechten Weg zurückgerufen werden. Deshalb haben wir fleissig dahin getrachtet, dass die Irrenden, soviel an uns lag, sogar unbekannt blieben. Diejenigen wiederum, welche gewarnt zu des Kaisers Gnade ihre Zuflucht genommen haben, können uns als den Urheber erlangter Bewilligung ansehen. Für die Zukunft aber wünsche ich, dass die Vollziehung des Gesetzes nicht nöthig seyn möge, obgleich es vorzuziehen ist, die Strenge seines Dienstes selbst dem Aergerniss zum Trotz wahrzunehmen.

Über tredition

Eigenes Buch veröffentlichen

tredition wurde 2006 in Hamburg gegründet und hat seither mehre-re tausend Buchtitel veröffentlicht. Autoren veröffentlichen in we-nigen leichten Schritten gedruckte Bücher, e-Books und audio-Books. tredition hat das Ziel, die beste und fairste Veröffentli-chungsmöglichkeit für Autoren zu bieten.

tredition wurde mit der Erkenntnis gegründet, dass nur etwa jedes 200. bei Verlagen eingereichte Manuskript veröffentlicht wird. Da-bei hat jedes Buch seinen Markt, also seine Leser. tredition sorgt dafür, dass für jedes Buch die Leserschaft auch erreicht wird.

Im einzigartigen Literatur-Netzwerk von tredition bieten zahlreiche Literatur-Partner (das sind Lektoren, Übersetzer, Hörbuchsprecher und Illustratoren) ihre Dienstleistung an, um Manuskripte zu ver-bessern oder die Vielfalt zu erhöhen. Autoren vereinbaren direkt mit den Literatur-Partnern die Konditionen ihrer Zusammenarbeit und partizipieren gemeinsam am Erfolg des Buches.

Das gesamte Verlagsprogramm von tredition ist bei allen stationä-ren Buchhandlungen und Online-Buchhändlern wie z. B. Amazon erhältlich. e-Books stehen bei den führenden Online-Portalen (z. B. iBookstore von Apple oder Kindle von Amazon) zum Verkauf.

Einfach leicht ein Buch veröffentlichen: **www.tredition.de**

Eigene Buchreihe oder eigenen Verlag gründen

Seit 2009 bietet tredition sein Verlagskonzept auch als sogenanntes "White-Label" an. Das bedeutet, dass andere Unternehmen, Institutionen und Personen risikofrei und unkompliziert selbst zum Herausgeber von Büchern und Buchreihen unter eigener Marke werden können. tredition übernimmt dabei das komplette Herstellungs- und Distributionsrisiko.

Zahlreiche Zeitschriften-, Zeitungs- und Buchverlage, Universitäten, Forschungseinrichtungen u.v.m. nutzen diese Dienstleistung von tredition, um unter eigener Marke ohne Risiko Bücher zu verlegen.

Alle Informationen im Internet: **www.tredition.de/fuer-verlage**

tredition wurde mit mehreren Innovationspreisen ausgezeichnet, u. a. mit dem Webfuture Award und dem Innovationspreis der Buch Digitale.

tredition ist Mitglied im Börsenverein des Deutschen Buchhandels.

Dieses Werk elektronisch lesen

Dieses Werk ist Teil der Gutenberg-DE Edition DVD. Diese enthält das komplette Archiv des Projekt Gutenberg-DE. Die DVD ist im Internet erhältlich auf **http://gutenbergshop.abc.de**

Zeitfracht Medien GmbH
Ferdinand-Jühlke-Straße 7
99095 Erfurt, Deutschland
produktsicherheit@kolibri360.de